吴 晞◎著

斯文在兹

海天出版社（中国·深圳）

图书在版编目（CIP）数据

斯文在兹 / 吴晞著. — 深圳 : 海天出版社，
2014.8
ISBN 978-7-5507-1121-1

Ⅰ. ①斯… Ⅱ. ①吴… Ⅲ. ①图书馆事业—研究—中
国 Ⅳ. ①G259.258.9
中国版本图书馆CIP数据核字（2014）第146171号

斯文在兹
SI WEN ZAI ZI

出 品 人　陈新亮
责任编辑　李向群
责任技编　梁立新
责任校对　黄海燕
封面设计　李松璋

出版发行　海天出版社
地　　址　深圳市彩田南路海天综合大厦（518033）
网　　址　www.htph.com.cn
订购电话　0755-83460137（批发）　0755-83460397（邮购）
设计制作　深圳市斯迈德设计企划有限公司（0755-83144228）
印　　刷　深圳市华信图文印务有限公司
开　　本　889mm×1194mm　1/32
印　　张　8
字　　数　180千
版　　次　2014年8月第1版
印　　次　2014年8月第1次
定　　价　32.00元

吴晞，1982年北京大学图书馆学系毕业。历任北京大学馆员、副研究馆员、研究馆员，文化部图书馆司文献资源处处长。1998年至2012年任深圳图书馆馆长。现任深圳市图书情报学会理事长，研究馆员。

主要兼职：广东省图书馆学会副理事长，中国图书馆学会常务理事、阅读推广委员会主任，《公共图书馆》主编，《中国图书馆学报》编委、副主编，公共图书馆研究院执行院长，北京大学兼职教授，中山大学兼职硕士生导师，深圳市政协委员。

主要荣誉职务：美国图书馆学会（ALA）和美国公共图书馆学会（PLA）荣誉会员，文化部优秀专家，全国优秀科技工作者，深圳市政府专家，深圳市高层次人才。

主要业绩：

多次领衔国家级、省部级科研项目和国家社科基金项目，两次荣获文化部“中国文化创新奖”（2005和2009），以及文化部“群星奖”（2010）。

对图书馆学诸多领域有较深造诣和研究，出版专著15部、译著2部，发表论文100余篇。

曾获“文献资料智能排架分拣运送装置”、“图书馆自助终端”等五项国家专利，第一发明人。

序

犹有清歌迢递，声在芰荷深处……

徐　雁

作为从多年来的专业文章中精选并改写而成的一部别集，《斯文在兹》一书，通篇洋溢着的，是一种在兹念兹的专业主义精神。吴晞学长在编定本书之后所写的自序中说，人们今天习见的图书馆，“是现代文明的产物，也是现代公民社会的标志”，它“属于大众，属于天下读书人”，因此，书中各篇着重讲述的，多是有关图书馆的“故事”。他开宗明义地指出：

现代社会的图书馆（尤其是公共图书馆）是“天下之公器”，有着不可替代的重要社会功用。在倡导“全民阅读”、建设“学习型社会”的今天，图书馆是最好的阅读场所，为社会提供了全面、系统的文献资源和知识环境，可供“天下万世共读之”。进入信息化、网络化时代，图书馆在社会阅读中的主体作用更为凸显，图书馆收藏和提供的数据库集合成为数字阅读最好的资源和必备的保障。

这就是本书讲述的主要内容。图书馆，斯文在兹，永不泯灭；图书馆，传承文明，服务社会；图书馆，永远是读书人不可或缺的阅读圣地。这就是本书得出的主要结论。

作为同出于北京大学图书馆学门的毕业生，我得知吴晞学长，自然是在北京西郊的燕园。那是20世纪80年代前期，当我还掐着点夹着教科书朝教室方向跑去的时候，他已是校图书馆的工作人员，时常见他挺着身板匆匆出入于校馆西门，给人昂昂然不可亲近的印象。

改变这一成见的，是我在2001年11月的首度深圳之行。当我应第二届“深圳读书月”组委会之邀，结束在深圳商报社国际报告厅的题为《名著的阅读和科学、文化的创新》的讲演后，走访了位于红荔路1011号的深圳图书馆，并接受了刚从国家文化部机关调任深图馆长不多久的吴师兄招待的午餐，餐后他还亲自驾车把我送到了深圳机场。在数小时的谈笑声中，我不仅在这个杂花生树的现代化大都市感受到了宾至如归的心理亲切，而且体会了一把“深圳有个大师兄真好”的感情温暖。

由此开启的我与鹏城的各种缘分，也就缕缕丝丝，不可尽数了。我向《深圳特区报》投稿，也接受《深圳商报》的采访；我在海天出版社出书，也为深圳报业集团出版社推荐书稿；我到深圳书城淘过书，深圳书城也卖我编、我著的书；仅出自我门下阅读文化学方向的硕士生在深圳就业上岗的，就达4名之多。2006年夏，深圳图书馆新馆在林木茂盛的莲花山前落成后，我到馆里开过会，查过资料，也做过阅读推广讲座。总之，这些台前幕后的活动，大都有着吴师兄或瞩望或提携的身影。

2009年9月27日，中国图书馆学会阅读推广委员会在苏州图书馆成立，吴师兄被推选为主任，作为副主任之一的我，也就有了更多追陪吴师兄出席各种阅读推广活动的机会，使我更近距离地领受了他的专业思想、处世原则和为人风格。大抵说来，正是在吴师兄的专注投入和全面主持下，一方面利用各种专业场合和媒体，大力倡导、高声鼓吹公共图书馆的独特社会文化价值，一方面依靠每年一度的“全民阅读论坛”和各专业委员会的活动平台，紧密团结热心从事阅读推广的图书馆人群，才奠定了我国图书馆界全民阅读推广工作在21世纪第二个十年的良好开局。2011年夏，他为我主编的《全民阅读推广手册》（海天出版社2011年版）所写《阅读，请到图书馆来》的序言，从标题到内容，传达出他对于图书馆阅读推广事业的热切之情。

尽管“河汉上纵横，春城夜迢递”（韦应物诗句），但“犹有清歌迢递，声在芰荷深处”（丘密词句），如今依然担任着深圳市图书情报学会理事长、深圳市政协委员的吴师兄，是一位知行合一的当代图书馆学学人和公共图书馆事业实践家。从业30余年来，无论其著译的《北京大学图书馆九十年记略》《从藏书楼到图书馆》《西方图书馆史》《天下之公器》等十余部著述，还是有关“文献资料智能排架分拣运送装置”“图书馆自助终端”等国家专利发明；无论是在主持深圳图书馆馆务期间身体力行“开放、平等、免费”的办馆理念，主持开发文化部科研项目“城市街区24小时自助图书馆系统”，还是在研的国家社会科学基金课题——“公共图书馆开展全民阅读活动与建设学习型社会研究”，都贯穿着其对“为人找书，为书找人”的图书馆读者服务工作的基本信念。

因此，当此全民阅读推广任重道远之际，吴师兄编撰本书，并拨冗改写篇章，重新结构全书，以期让专业界熟悉的知识和学识，尽可能多地为民众所理解并接受，以期让更多的人喜闻阅读推广之理，乐从图书馆先进文化之引领，可谓有功有德，体现了一个科班出身的职业图书馆人的“本色”。因此，《斯文在兹》纳入海天出版社“本色文丛”而问世，可谓名至而实归。是为序。甲午春分前一日于金陵江淮雁斋，时值冬去春来，乍暖还寒之际。

（作者系南京大学教授，江苏省政协常委，中国阅读学研究会会长）

自序

斯文在兹，大道不废

吴　晞

约两千五百年前，孔子及其弟子在匡地被围，形势危殆。孔子于是激励弟子们说："文王既没，文不在兹乎？"并坚信"天之未丧斯文也"。语见《论语·子罕》。此事太史公在《史记·孔子世家》中也有记载，孔子一行是在赴陈国的路上遭遇围攻的，原因是匡人误认孔子是曾经施暴于匡的阳虎。尽管是一场误会，但孔子还是一如既往地展示了信念，笃信自身有着传承礼乐文化的天命，"斯文"将会由他（兹）而得以承载。

倘若孔子生在当今世界，也许他就不会再有孤身承载"斯文"的悲怆，也不会发出"道之将废也欤"（《论语·宪问》）的喟叹。当代西方哲学家卡尔·波普尔（Karl Popper, 1902–1994）曾提出著名的"世界三"理论，其大意是："世界一"是客观的世界，"世界二"是人们的头脑中的精神世界，"世界三"是文献的世界。波普尔因此得出结论：如果世界毁灭了，只要图书馆收藏的客观知识和人类的学习能力还存在，人类社会仍然可以再次运转；但如果图书馆也被毁灭，人类恐怕就要回到洪荒时期了。这与中国古语“克昌厥后，斯文在兹”是相通的。这一著名论点得到了世界学界的普遍认同，由此可见现代图书馆的地位与作用是当年孔子曾“问礼”于老子的“周藏室”（周王朝国家图书馆）所无法比拟的。斯文，非系圣贤一身，而是在图书馆。

本书讲述的就是关于图书馆的故事。无论是在西方还是中国，图书馆都有着悠久的历史，但我们今天习见的图书馆则是现代文明的产物，也是现代公民社会的标志。在中国，现代图书馆出现于19世纪末至20世纪初，经历了“从藏书楼到图书馆”的脱胎换骨的嬗变。现代社会的图书馆（尤其是公共图书馆）是“天下之公器”，有着不可替代的重要社会功用。在倡导全民阅读、建设学习型社会的今天，图书馆是最好的阅读场所，为社会提供了全面、系统的文献资源和知识环境，可供“天下万世共读之”。进入信息化、网络化时代，图书馆在社会阅读中的主体作用更为凸显，图书馆收藏和提供的数据库集合成为数字阅读最好的资源和必备的保障。这就是本书讲述的主要内容。图书馆，斯文在兹，永不泯灭；图书馆，传承文明，服务社会；图书馆，永远是读书人不可或缺的阅读圣地。这就是本书得出的主要结论。

感谢海天出版社诚邀我为其深具影响的品牌“本色

文丛”编撰有关图书馆与阅读的文稿。原想将我已有的相关文稿筛选结集，丛书的其他文本就是这样做的。我从事图书馆学研究和图书馆工作凡三十余年，成就虽不值一提，但尚勤于著述，选编这样的文集本不困难。但我最终还是选择了重新撰写，原有的文稿只是当作材料使用，于是多花了数倍的精力。我以为，原稿以专业学术论文居多，而今更需要的是为普通读者写一本关于图书馆知识的书。这也符合“本色文丛”的一贯追求。

从学术角度看，本书并无什么新鲜货色，大多是我鼓吹经年的老生常谈，也是界内耳熟能详的通识。唯冀有所“突破”者，乃是跳出专业研究的框框，让“圈内”的学术成果为普罗民众所了解并掌握，让“外行人”读懂并乐见，从而使他们知晓并接受现代图书馆的理念，乐于并善于利用图书馆。

毕竟，图书馆属于大众，属于天下读书人。

2014年3月15日于深圳图书馆

目 录 CONTENTSS

第四章　图林清话

第五章　访谈录

第一章

从藏书楼到图书馆

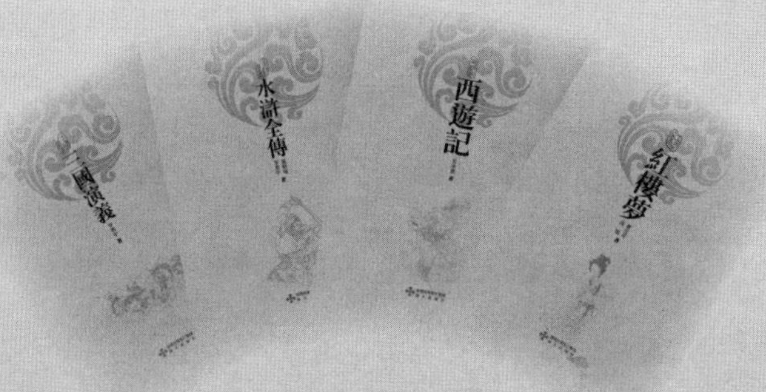

藏书、藏书楼和图书馆

我国古代藏书的场所称藏书楼，近代以来新型的文献收藏机构称图书馆。这是通常的说法，也是图书馆史研究的专业术语。

老子，周王室图书馆馆长

细究起来，将我国古代的文献收藏称之为“藏书”似乎更为恰当。藏书是个由来已久的古老的文化现象。《史记·老子韩非列传》称：“（老子）周守藏室之史也。”司马贞《史记索隐》注：“藏室史，周藏书室之史也。”这就是“藏书”一词的最早出处。老子所执掌的周王室藏书室，也是文献记载中最古老的正式藏书机构，老子就相当于周朝国家图书馆的馆长。

然而，藏书作为一种社会文化现象，实际出现的时间还要早得多。据传说，上古伏羲氏画八卦始有文献，黄帝时已有分掌文献的史官，夏代也有负责图籍的太史。《河图》《洛书》《三坟》《五典》《八索》《九丘》等，都是远古文献的名称。上古传说固然渺不足征（徵，见《论语·八佾》），但至迟在商代，即已有了可以确信的各类藏书：20世纪初发现的殷商甲骨文献，可以说是我国最早的藏书实物；《尚书》中关于商代“有典有册”的藏书记载，也为考古发掘所证实。即使在周朝，周王室藏书的历史也远早于老子，文献也不仅限于周王室所藏。可以断言，我国古代的藏书，远在华夏文明初始的年代即已发端，并伴随古代中华文明几千年。

“藏书”一词，实际上便是我国古代文献收藏的总称，也是前人的一贯说法。例如，“建藏书之策，置写书之官”（《汉书·艺文志》），“藏书之盛，莫盛于开元”（《新唐书·艺文志》）等诸多记载，便是例证。

至于“藏书楼”一词，则是一种较为晚出的说法。藏书楼之称究竟出现于何时，目前似乎还很难确切考定，但不会早于唐宋之际，并且发源于私家藏书。据《新唐书·李鄘传》记载：“……家有书至万卷，世号李氏书楼。”又据《郡斋读书志》载：“（唐朝孙长孺）喜藏书，贮以楼，蜀人号书楼孙氏。”这两处唐代的私人藏

甲骨文（龟甲）

甲骨文（牛骨）

简牍

书，大概就是最早被称作藏书楼的文献收藏了。

明清之际，私人藏书进入了鼎盛时期，藏书楼之称便开始风行一时。私人藏书家们往往要将自己的藏书之所标之以“××楼”“××阁”的雅称，就是一些没有多少文献收藏的士大夫们，也常常为其书斋取个藏书楼的名号以附庸风雅。这种风气甚至影响到了官方的藏书，许多皇家和官府的藏书机构也开始仿效民间的藏书楼，冠之以各式藏书楼的名号。这样一来，“藏书楼”就成了古代各类文献收藏的统称。就是近代问世的一些早期新型图书馆，往往也标之以藏书楼之名，如京师大学堂藏书楼、古越藏书楼、皖省藏书楼等。

与藏书楼源远流长的历史相反，“图书馆”在中国是个完完全全的外来名词和近代文化现象。“图书馆”一词，在西方语言中基本上有两种说法，一个是Library，另一个是Bibliotheca。Library源自拉丁语Liber，意为树皮。因为树皮曾用作书写的材料，所以意大利语中把书店叫Libraria，而法语中则把书店称作Libraries，这个词后来由法语进入英语，就成了Library。而Bibliotheca一词源自希腊语Biblos，意为书籍，由书写材料“纸莎草”(Papyrus)的希腊语读音而来。后来对于存书的场所，希腊语叫Bibliothek，拉丁语则称Bibliotheca，在德语、法语、意大利语、西班牙语中均用这一词称图书馆，只是在拼法上有些小差别。对于Library或Bibliotheca，中国人最初译为“藏书楼”或“公共藏书楼”。

中文“图书馆”一词的直接来源是日文“図書館”(ライブラソー)，

最初是由梁启超引进中国来的。1896年9月，在梁启超主编的《时务报》上，首次出现了“图书馆”一词。但是这一新的提法似乎并没有马上为国人所接受，一些早期的近代图书馆仍以“藏书楼”称之者居多，也有的称“书藏”“书籍馆”“图书院”“藏书院”等。据目前所知，在20世纪之前，只有1897年建立的北京通艺学堂图书馆把“图书馆”作为名称。从20世纪初年起，使用“图书馆”一词的文献和机构才开始多了起来。例如，1900年9月的《清议报》上

古代藏书楼

就有一篇名为《古图书馆》的文章，1901年6月的《教育世界》也刊登了一篇《关于幼稚园盲哑学校图书馆规则》。

1903年，清政府颁发了管学大臣张百熙主持制定的高等教育纲领《奏定大学堂章程》，其中提道："大学堂当附属图书馆一所，广罗中外古今图书，以资考证。"并规定其主管人为"图书馆经理官"①。这是"图书馆"一词第一次被官方文件正式采用。《奏定大学堂章程》颁布后，原京师大学堂藏书楼便改名为京师大学堂图书馆，藏书楼的主管人也由"提调"改称图书馆经理官。这是我国第一个采用图书馆名称的正式官方藏书机构。但由于有京师大学堂藏书楼之名在先，所以改名后人们仍习惯以旧名称之，而"京师大学堂图书馆"这一正式名称反而不为人们所注意。直到1904年，湖南图书馆、湖北图书馆和福建图书馆相继成立，"图书馆"的名称才开始在社会上通行，其后各地出现的各种新型藏书处所多数都标之以图书馆之名。1909年，京师图书馆（今国家图书馆）奉旨筹建，清政府又随之颁发了《京师图书馆及各省图书馆通行章程》，这样才使得图书馆的名称在我国最后确立了下来。学界普遍认为，京师图书馆的建立和《京师图书馆及各省图书馆通行章程》的颁布是中国近现代图书馆产生的标志②。

厘清藏书、藏书楼和图书馆的含义及其关联与区别，是为了澄清这样一个史实：中国古代的藏书、藏书楼与近现代图书馆是两种不同属性的事物；中国的图书馆是西方思想文化传入的产

① 舒新城. 中国近代教育史资料[M]（中册）. 北京：人民教育出版社，1961.
② 吴晞. 从藏书楼到图书馆[M]. 北京：书目文献出版社，1996.

物，亦即“西风东渐”的结果，不是“中华古已有之”。

中国是世界上文献保存数量最多、内容最为丰富连贯的文献大国，藏书楼则是这些文献的载体，是华夏文化的骄子，也是中华文明赖以存在和流传的基本因素。与世界上任何一种古代的和中世纪文明中的文献收藏相比，我国古代的藏书均毫不逊色，并独具异彩。但这些因素并不能催生出新型的近现代图书馆。古代的藏书楼至多可以看作是中国图书馆的历史渊源，但不是它的母体和前身。

有人这样描述近代中国图书馆：19世纪中国图书馆的发展已落后于西方，后来逐渐接受了西方先进的图书馆思想和管理方法，因此才产生了重要的进步和飞跃。其实这种看法是一种误解。中国古代的藏书楼和西方的图书馆之间，不是什么落后与先进的差别，而是南辕北辙的两条道路。换句话说，如果没有近代社会西方思想文化的冲击和影响，中国的藏书楼再发展若干世纪，也没有可能自行演变成为西方式的近代图书馆。中国的旧式藏书楼中缺乏进化成为近代图书馆的基本机制，因此不可能成为产生新式图书馆的母体。中西图书馆走的是两条完全不同的发展道路，这种差别和先进与落后是两回事。

还有一种更具普遍性的观点认为，进入近代社会之后，中国藏书楼的根本性质发生了变化，由封建性的旧式藏书楼发展、过渡为新型的近代图书馆。这种解释用于西方图书馆的历史发展是比较恰当的，而用于中国图书馆则不妥。西方图书馆的历史源于古代两河流域、埃及、希腊和罗马的公共图书馆，中世纪时演变为大教堂和修道院的图书馆，产业革命之后又产生了近现代的公共图书馆。这是一种演变、递进的完整过程。而中国藏书楼的历史在近代之后则中断了，藏书楼也消亡了，而不是转变成了什么。中国的图书馆从产生之日起，走的便是一条全新的道路，是在新的起点上从头开始的。从本质上看，中国近代图书馆所接受和继承的主要是西方图书馆的东西，而不是中国藏书楼的传统。这是一种取代，而不是演变或过渡。这就如同一幢房屋的旧主人被新主人所代替，而这位新主人既不是洗心革面的旧主人，也不是旧主人的儿孙，只不过是新主人入住之后受到了旧主人的一些影响而已。

为什么会出现这种结果呢？简单说来，现代图书馆，尤其是公共图书馆，本质上是现代文明的产物，是现代社会民主、民权、平等、公正和公民社会的象征。新型公共图书馆的问世，实际上是社会发展到一定阶段的产物，是社会民主、公民权利和社会平等等现代人文意识成熟的结果，而这种条件只有到了19世纪中叶在西方才日臻成熟。这点我们在第二章讨论西方公共图书馆历程时再做具体分析。

新型公共图书馆的本质特征是公益性、公共性，其表现就是面向社会普遍开放；而旧式藏书楼属于私人所有，或是由皇家、官府等少数人占有，其主要特点必然是封闭的。

从历史发展看，在古代藏书初兴的殷周二朝，文化上是“学在官府”或“学术官守”的状况，反映在藏书方面，则是“官守其书”的局面（章学诚《校雠通义》卷一），贵族统治者之外的广大民众是与文化、图书无缘的。春秋末年，伟大的教育家孔子通过毕生的文化教育活动，开始了从“学在官府”向“学到民间”的转变，使得众多的平民有了拥有、阅读图书的可能，这是我国文献收藏史上的第一次大变革。东汉以来，纸张出现并逐渐成为图书文献的主要载体，使图书的传抄和普及变得更为容易和廉价，于是社会上开始有一些官府藏书之外的各种文献收藏，这是我国文献收藏史上的第二次大变革。唐宋之际，雕版印刷术出现并在全社会普及，促进了书籍的生产和流通，致使文献的收藏和利用水平又大大提高了一步，各种类型的藏书楼骤然增多，这是我国文献收藏史上的第三次大变革。但是，这三次变革，只是增加了社会上图书和图书收藏者的数量，却基本上没有改变藏书楼“门虽设而常关”的封闭状态。

明代著名藏书家祁承㸁的澹生堂藏书楼便是一个典型的例子。祁承㸁对自己的子孙及其藏书楼的管理有着明确的规定：

子孙能读者，则以一人尽居之；不能读者，则以众人递守之。入架者不复出，蠹啮者必速补。子孙取读者，就堂检阅，阅毕则入架，不得入私室。亲友借观者，有副本则以应，无副本则以辞，正本不得出密园外……勿分析，勿覆瓿，勿归商贾手。（祁承㸁《澹生堂藏书约》）

不难看出，祁氏对其藏书楼采取的是严格的封闭措施，连子孙、亲友都要受到限制，外人自然就更无缘问津了。

而享誉明清两代的藏书楼范氏天一阁，其措施更为严厉苛刻：

司马（天一阁的创始人范钦）殁后，封闭甚严，继乃子孙各房相约为例，凡阁厨锁钥，分房掌之，禁以书下阁楼，非各房子孙齐至，不开锁。子孙无故开门入阁者，罚不与祭三次；私领亲友入阁及擅开厨者，罚不与祭一年；擅将书借出者，罚不与祭三年；因而典鬻者，永摈逐不与祭（《宁波范氏天一阁书目序》）。

天一阁书印

藏书楼的图书竟然连子孙都不准入内阅读，这已经和守财奴埋着金银饿肚皮无异，与文献收藏的本来意义相去何止十万八千里。

澹生堂和天一阁只不过是两个典型的例子，类似的封闭措施在古代为数众多的藏书楼中属于常态，是极为普遍的现象。当然，这种现象的出现和蔓延并不都是藏书家自身的过失，藏书家们集聚、保存图书典籍的苦心和历史功绩也不可一笔抹杀。归根结底，藏书楼是小生产文化方式的产物，不可能形成面向整个社会的文献信息体制，也不可能承担起社会化服务公众的任务。这是我们不能苛求于前人的。

古代的藏书家并非全都是守财奴式的角色，也有卓尔不群者。例如，明末清初的藏书家曹溶就曾尖锐批评藏书家“以独得为可矜，以公诸世为失策”的褊狭传统，以致古书“十不存四五”。他写了一部《流通古书约》，倡议藏书家之间互通有无，使“古籍

天一阁

不亡”（曹溶《流通古书约》），以免因秘不示人遭湮灭。清代乾隆年间，还有一位学者兼藏书家周永年大胆提出了“儒藏说”，提倡“天下万世共读之”，还建立了“藉书园”，专门为“穷乡僻壤，寒门窭士”等贫寒书生提供可读之书①，“使学者于以习其业，传钞者于以流通其书，故以藉书名园”②，属难能可贵。然而这样的藏书家在中国古代尚属凤毛麟角，其视野和影响均有限，无法得到广泛的社会认同，其举措也难以延续。他们只是旧事物的叛逆者，却不能成为新事物的创建人。

① 周永年《儒藏说》，引自：杨家骆. 四库大辞典. 上海：商务印书馆，1932.

② 李希泌，张椒华编. 中国古代藏书与近代图书馆史料[M]. 北京：中华书局，1982.

北京大学图书馆

只有新型的近代公共图书馆才能完成向全社会平等开放、提供文献信息服务的使命。这是中国文献收藏史上第四次，也是迄今为止最为重大的一次变革。变革的结果便是旧式藏书楼寿命的终结，新型图书馆历史的开端。

福音书、炮舰和图书馆

在中国，率先跨越旧式藏书楼窠臼的新型图书馆，是西方传教士们所创办的基督教图书馆①。

恰如上文所说，近代新型的图书馆不可能从古老的中华文明中土生土长而来，不可能从中国悠久的藏书楼传统中自行孕育并产生，它只能是“西风东渐”的产物，只能从输入西方式的模式开始。而西方传教士这一特殊的团体则在这种特殊的传播中起到了特殊的媒介和渠道作用。

据西方神学家的研究，基督教教义传入中国的时间，甚至远在基督教创立之初的公元1世纪，亦即中国的东汉年间就已经开始了。②但这种基于传说的推断还称不上信史。十字架登上赤县神州的可信时间是在唐朝，其确凿的证据便是西安出土的立于唐

① 本节所介绍的是西方传教士在中国境内所创办或与之有较深关联的各类图书馆。对于这些图书馆，我们统称为基督教图书馆。需要指出的有两点：这里所说的基督教，除个别注明外，均是广义的，包括天主教、新教、东正教及景教等诸派系，并非国内习惯专指的新教；文中所涉及的图书馆，既包括西方传教士们创办的以宗教研究和传播为目的的图书馆，也包括各种基督教会所资助、扶植或教会背景较深的社会图书馆、研究图书馆和学校图书馆。严格来讲，后者不属于宗教图书馆的范畴，但由于它们均为西方传教士们所直接或间接创办，往往与前者没有明确的分界，因此一并进行分析讨论。

② 阿·克·穆尔. 一五五〇年前的中国基督教史[M]. 郝镇华，译. 北京：中华书局，1984.

建中二年（781年）的“大秦景教流行中国碑”。在这座著名石碑的碑文中，有景教教主“占青云而载真经”，“远将经象，来献上京”的记载。[1]另外，在敦煌鸣沙山石窟中也发现唐代景教经文抄本多部，据这些经文记载，景教经文有530部，仅“大秦景教流行中国碑”的作者景净就译出30部。[2]可见，基督教早在传入中国之初，便伴随着频繁的传书、藏书活动。

大秦景教流行中国碑

景教属聂斯托利教派（Nestorianism），并非基督教之正宗，在我国中原地区流传的时间也不算太长。基督教在中国具有历史影响的传教事业，实际上始自明代中叶著名的天主教耶稣会传教士利玛窦（Matteo Ricci），以及他的继承者明末清初的汤若望（Johann Adam Schall von Bell）、南怀仁（Jesuit Ferdinand Verbiest）等人。这一时期的传教士们也曾在中国文献收藏史上留下他们的足迹，其中最重要的便是著名传教士金尼阁（Nicolas Trigault）所创立的“教廷图书馆”。金氏曾于明万历年间两次来华传教。他于1614年返回欧洲时，已遍游德、法、比等国，向各方募集图书，共得到西方书籍7000余部。这些数量庞大、门类齐全的西方图书进入中国，是中西文化交流史上的大事件，并由此出

① 《大秦景教流行中国碑》，载《一五五〇年前的中国基督教史》.
② 沈福伟. 中西文化交流史[M]. 上海：上海人民出版社，1985.

利玛窦

现了中国境内第一个颇具规模的基督教图书馆。因此，金尼阁在其名著《基督教远被中国记》中曾称："在中国成立了名副其实的教廷图书馆。"①

至明末清初，中国的基督教图书馆有了进一步的发展，在北京形成了著名的"四堂"图书馆②，即南堂图书馆、东堂图书馆、北堂图书馆和西堂图书馆。

1. 南堂图书馆。南堂是葡萄牙耶稣会的教堂，建于明万历二十八年（1600年），其创始人便是利玛窦。利玛窦以介绍西学为主要传教方法，所以在南堂积累了大量的宗教和科学书籍。利氏死后，南堂得到教皇保罗五世赠送的大批图书，内容有神学、哲学、法学、数学、物理及其他西方科学。清代南堂的索主教（Ugr Polgcarpe de Souga）和汤主教（Mgr Alexander Gouvca）都是图书收藏家，

金尼阁

① 方豪. 中国天主教人物传. 北京：中华书局，1988. 当时并无"图书馆"的名称（参见本章第一节），"教廷图书馆"之称是后人翻译时所用。下文中也有很多这样的情况。

② 同上文一样，"四堂图书馆"是后人记叙时所用的名称。下文中有关"四堂图书馆"的资料主要出自方豪《北平北堂图书馆小史》，原载《图书月刊》第3卷第2期，1944年。

曾为南堂的收藏增色不少。18世纪末，中国的耶稣会奉教皇之令解散，各地天主堂的藏书都集中由南堂收藏。道光十八年（1838年）时南堂的书籍移至北京俄罗斯修道院。

2. 东堂图书馆。东堂也是葡属耶稣会教堂，系顺治七年（1650年）皇帝所赐建。当时著述较多的传教士，如汤若望、南怀仁等人，都居住于东堂，因此他们的著作和参考书也在其中，图书的收藏量十分丰富。后因战乱，东堂被焚，烬余残存者只有数册而已。

3. 北堂图书馆。北堂属法国耶稣会，是康熙三十九年（1700年）皇帝拨地拨款所建。北堂的藏书在当时数量最多，也最有价值，欧洲各研究院和皇家科学院都曾赠送北堂大量学术著作，甚至法国的国王及政府要员也为北堂搜集书籍。从嘉庆年间开始，北堂逐渐衰落，清政府旋以8000两白银的价格出售北堂。当时幸有一位中国教士薛司铎将北堂的藏书及其他贵重物品转移到城外，后又运往张家口外的西湾子。直至同治五年（1866年），这批图书才几经周折运回北京，但大部分已

北堂（西什库教堂）

毁坏流失。

4. 西堂图书馆。西堂是耶稣会以外传教士们的寓所，创建于雍正三年（1725年）。西堂藏书的基础是教廷专使来华时所携带的一大批书籍，以及主教和方济各会士们的遗书。嘉庆年间，清廷驱逐教士离境，西堂藏书迁至南堂。

后来的北平西什库天主教堂（即北堂）图书馆便是汇合了南、东、北、西四堂的藏书。据1938年的整理统计，北堂图书馆计有西文书5000余册，中文书约8万册，其中有很多稀世珍本，如西方15世纪、16世纪出版的图书，教士与中国基督徒早期翻译的西方名著，宋、明版刊本及抄本，清帝御赐本、方志、武英殿聚珍版图书等。

在1840年鸦片战争之前，基督教在中国的传播基本上是以平等、自愿的方式，在尊重中国主权的前提下进行的，因此其性质主要是东西方意识形态在思想文化上的一场碰撞和交融，其结果无疑起到促进中西方社会发展和科学文化进步的作用。事实正是如此。利玛窦、汤若望等人以传播西方科学知识为主要方式的传教活动，曾不同程度地征服了像徐光启、李之藻这样的上层士大夫，甚至中国的一些帝王，使世代囿于传统文化的中国人开阔了视野，学习到了一些为数虽少，却是极为可贵的西方科学知识。而独具异彩的华夏文明也经由传教士介绍到了欧洲，直接为18世纪席卷欧洲的启蒙运动提供了精神养料，为欧洲近代文明的诞生起到了促进作用。

然而，这场由传教士们触发的中西文化的震荡，却并没有给中国图书馆的历史带来实质性的影响。传教士们苦心经营多年的教廷图书馆、“四堂”图书馆等，除了几本当时绝大多数中国人都不知道也读不懂的洋文书外，与中国传统的藏书楼或寺院藏经阁并没有什么区别。其原因既在于当时西方的图书馆尚未达到足以超越中国藏书楼的先进水平，也因为当时的中国还没有变革旧式藏书楼的社会要求。

但是在1840年之后，情况就发生了根本性的变化。在阵阵强劲西风的震撼下，中国古老的藏书楼阁摇摇欲坠，根基动摇。传教士们用炮舰和福音书，在中国的土地上创建了一座座令中国的藏书家们瞠目结舌的、明显居于先进水平的新式图书馆。从中国图书馆发展的角度看，基督教图书馆在中国的历史是从鸦片战争之后才真正开始的。

基督教传教士在中国的传教事业在鸦片战争之后得到了迅速的发展，但是这种发展都是西方列强武力征服和签订一系列不平等条约的结果，因此受到中国各阶层人民的强烈抵制。如果说在利玛窦的时代，士大夫们对基督教的种种非难还带有传统观念中保守、褊狭成分的话，那么在19世纪后期，中国士人与民众与基督教传教士之间的纠葛和争斗，就不再仅仅是思想文化方面的冲撞，而具有了反对外来侵略、维护国家主权和民族自尊的性质。频繁发生的教案，以及随之而来的内乱与外患，给近代中国带来了斑斑的创伤，这是历史的事实。但是我们也应看到，传教士们为了达到传教的目的，往往要以西方的科学文化做媒介，而西方的近代科学文化与中国传统的旧式文化之间是有着先进和落后之别的。因此，传教士们在中国的一些活动，尤其是在文化教育方面的活动，在客观上还是有所建树和作为的，这也是历史的事实。中国的基督教图书馆在很大程度上就具有后者的性质。

有人曾称西方传教士在中国扮演了“文化掮客”的角色①，这是恰如其分的。总的看来，西方传教士在近代中国的基督教传教事业上是失败的，不仅没有达到“中华归主”的目标，反而引发了一系列激烈的矛盾冲突；但他们作为文化掮客却取得了相当的成功，在科学文化传播上取得了远远大于宗教传播的成就。这也许并不是传教士们的初衷，但却得到了“无心插柳柳成荫”的结果。中国近代基督教图书馆的出现及其产生的社会影响，便是这种结果之一。

近代中国到底有多少基督教图书馆，我们无法得知，因为全国各种教会团体，如教会机构、教会学校、教会医院，以及传教士们所直接或间接参与的文化教育机构，都可能会有数量不等的藏书。但是，并不是所有的这类藏书都称得上是近代新型图书馆，称得上近代新型图书馆的也不见得都有广泛的社会影响。所以，我们仅挑选了几例有典型意义并在中国近代图书馆发展史上有过一定作用的基督教图书馆②，予以介绍和分析。

1. 徐家汇天主堂藏书楼。建于1847年，由耶稣会传教士创办，隶属于徐家汇天主堂耶稣会总院，是上海众多的天主教图书馆中规模较大的一所。现该场所及藏书均归入上海图书馆。

---

① 费正清. 剑桥中国晚清史[M]. 北京：中国社会科学出版社，1985.

② 胡道静.《上海图书馆史》. 上海市通志馆，1935.

徐家汇天主堂藏书楼

2. 工部局公众图书馆。建于1849年，1851年起称上海图书馆，自1913年起改名为公众图书馆，又因其英文名称Public Library, S.M.C，而译作工部局公众图书馆。这座图书馆本是上海英租界的西方侨民筹办的，但教会在其中起了相当的作用，图书馆的多任主管都是西方传教士。

3. 亚洲文会北中国支会图书馆。建于1871年，创始人是英国牧师伟烈亚力（Rev Alexander Wylie）。亚洲文会是伟烈亚力创办的研究东半球文化的学术机构，曾得到英国政府的支持和资助。这所图书馆便是它的附属机构，以收藏东方学文献为主。

4. 圣约翰大学图书馆。建于1894年，原为约翰学校藏书室，后用捐建者的姓氏命名为罗氏藏书室（Low Library）。圣约翰大学是美国圣公会创办的教会学校，罗氏藏书室即为该校附设的图书馆。至1919年前后，该馆已具备相当的实力，成为我国境内规模最大的大学图书馆之一。

5. 格致书院藏书楼。建于1901年，由英国传教士傅兰雅（John Fryer）创办。上海格致书院是傅兰雅在1876年创办的一所专门传授西方科学知识的新式学堂，其藏书楼实际上是一所专为华人读者开设的图书馆，以收藏中国古籍和中文译著为主。该馆后来毁于火灾，残本4000余册为上海市立图书馆接收。

6. 文华公书林。1903年创办，1910年正式建成开放，创始人是韦棣华（Mary Elizabeth Wood）。武昌文华大学本是美国圣公会创办的教会学校，文华公书林即该校之图书馆。但文华公书林却对武汉三镇的公众开放，因此兼有大学图书馆和公共图书馆的

文华公书林

双重性质。[①]

在我国图书馆的发展史上，这些基督教图书馆占有何种地位呢？

首先，基督教图书馆是我国近代出现年代最早的新型图书馆，起到了“为天下之先”的示范作用。从19世纪末起，我国的洋务派、维新派人士才开始认识、鼓吹和筹办新型的图书馆。至于较为成型的近代图书馆，如京师大学堂藏书楼、古越藏书楼的出现，已是将近20世纪初的事了。而传教士们创办的图书馆从19世纪40年代起即已在我国出现，在时间上遥遥领先了半个多世纪。即使是创办年代较迟的文华公书林（1903年），也是武昌出现的第一所公共图书馆，比湖北省图书馆的创办时间（1904年）还早了一年。近代图书馆在我国从无到有的突破，实际上是由基督教图书馆最初实现的。相当一部分中国人对图书馆的认识，也是从这些“洋书楼”开始的。在我国图书馆史上，基督教图书馆的启蒙、范例作用，是不容忽视的。

其次，这些基督教图书馆大多具备了公益、开放的特点，与传统的旧式藏书楼形成了鲜明的对照。如工部局公众图书馆便以“公开的书林”和“供中外居民教育娱乐之需”为标榜，其公共阅览室每天从早9时至晚7时对公众开放，这在19世纪下半叶的中国还是一件从未有过的“西洋景”。再如格致书院藏书楼，曾号称“第一所为谋华人读者便利的图书馆”，时人亦有“惠我士林”之誉。最为突出的是文华公书林，它虽是一所学校图书馆，却坚持

① 黄宗忠. 武汉大学图书馆学系六十年[J]. 武汉大学学报，1980（6）.

对武汉三镇的公众开放，还举行公开演讲会、读书会、故事会、音乐会等活动，以吸引读者上门读书。在读者服务的方式上，基督教图书馆也有诸多独到之处，如圣约翰大学图书馆和文华公书林都实行开架借阅。文华公书林还实行了为较远读者送书上门的"巡回文库"制[①]，格致书院藏书楼采用挂"粉牌"的方式向读者宣传图书[②]，等等。

需要指出的是，并不是所有的基督教图书馆都无条件地对公众开放，尤其是对中国民众开放的。如徐家汇天主堂藏书楼，起初只供耶稣会会士使用，后来教徒或由教会人士介绍，经主管司铎同意的也可进馆阅览，这实际只是一种半开放状态。即便是以"有益于普通的公众"为口号的工部局公众图书馆，藏书绝大多数却是外文书刊，这对于中国的"普通公众"来说其实是谈不上什么"有益"的。然而，不管基督教图书馆的大门全开、半开，还是有条件地开，与"门虽设而常关"的旧式藏书楼相比，毕竟有着性质上的差别。

第三，许多基督教图书馆有着丰富、系统、别具一格的藏书，极大地丰富了我国近代图书馆的收藏，在当时及后世都发挥了重要的作用。徐家汇天主堂藏书楼收藏有大量的中国方志，其数量居全国第四位；同时因为建馆时间较早，年代久远的早期报刊收藏也很完备，如整套的《上海新报》《申报》《教会新报》等，为全

① 黄宗忠. 武汉大学图书馆学系六十年[J]. 武汉大学学报，1980(6).

② 陈洙. 上海格致书院藏书楼书目[M]. 北京：商务印书馆版，1907(清光绪三十三年).

国所罕见。亚洲文会北中国支会图书馆藏有丰富的东方学文献，包括许多珍贵的早期书刊，曾被誉为“中国境内最好的东方学图书馆”。格致书院藏书楼的中文西学译著是其一大特色。这些宝贵的文献收藏，至今仍是我国图书馆中无法替代的重要财富。

第四，有些基督教图书馆拥有先进的、明显优于我国藏书楼的馆舍和设备。1910年建成的文华公书林馆舍，号称“十万元建筑”，名噪一时。1911年建成的圣约翰大学图书馆，是上海第一座专用的图书馆馆舍，采用中西参半的新式二层建筑，建筑费耗银2万两，书库容书可达3万册，并有良好的设备、设施。这些基督教图书馆的范例，对于我国图书馆馆舍及设备、条件的改善无疑会有推动作用。

第五，基督教图书馆带来了西方图书馆的新式管理方法和先进技术。以收藏中文图书为主的格致书院藏书楼，对旧籍用四部分类，而新书则划分为科学、算学等36类，这是用新式科学分类法来类分中文图书的首次尝试。早在1909年孙毓修翻译介绍杜威法之前，亚洲文会北中国支会图书馆就采用了杜威法及“克特著者号码表”，为这部后来在中国影响甚广的西方分类法的应用开创了先例。而圣约翰大学则是使用杜威法类分中文图书的最早的图书馆，其方法是用杜威法中一些使用率不高的空号码来容纳中文图书，如000为经部、181为中国哲学、951为中国史等。这种方法虽然不尽合理，但影响却很大，在几部中文分类法问世之前，国内许多图书馆都用这种办法来类分中文图书，以求中外文图书能在编目中得到统一。首先使用卡片式目录的也是基督教图书馆。亚洲文会北中国支会图书馆早在1908年就编成了一套字典式的卡片目录，并附有杜威法分类索引。圣约翰大学图书馆的卡片目录最为完备，除书名、著者目录外，还编有一套标题片，同时编制子目片和分析片。这些都是新式图书馆的技术方法。基督教图书馆编制的新式书本式目录也不少，较有影响的有《上海格致书院藏书楼书目（1906年）》《圣约翰大学罗氏图书馆书目（1907年）》等。可以说，在如何开办西方式图书馆的问题上，基督教图书馆是主要和直接的教师。

第六，也是最为重要的，基督教图书馆输入了西方式图书馆的思想和模式，使中国人摆脱了传统藏书楼的窠臼，在社会上树立了新式的图书馆观念。早在1877年3月，《申报》就曾载文说："本埠西人设有洋文书院（即工部局公众图书馆，当时称上海图书馆），计藏书约有万卷，每年又添购新书五六百部，阅者只需每年费银十两，可随时取出披阅，阅毕缴换。此真至妙之法也！"可见这些洋式图书馆当时已引起中国士人的关注和羡慕。陈洙在1906年撰写的《上海格致书院藏书楼书目序》中说："上海向有格致书院，近由西士傅兰雅君商诸各董，添设藏书楼……吾知登斯楼者，既佩诸君之热诚毅力以惠我士林，而尤不能不为国内士大夫愧且望也。"并疾呼："裨益学术，光我文治，抗衡欧美，将在乎是！"[①]奋起效法之情溢于言表。基督教图书馆促进了这种社会观念的形成，而这种社会观念之深入人心，又是我国近代图书

① 陈洙. 上海格致书院藏书楼书目序[M]. 北京：商务印书馆，1907（清光绪三十三年）.

馆产生和发展的基本社会条件。

清王朝灭亡后，基督教图书馆在中国的活动非但没有中止，反而更加活跃，活动方式也有了很大的变化。经过1919年的"五四"运动，中国的社会状况发生了很大的变化，民众的民族主义意识不断高涨，知识阶层中对西方列强控制中国教育文化事业的现状极为不满，开展了"收回教育权"等爱国运动。传教士们迫于这种强大的压力，为了能够在中国社会继续生存和传教，便提出了"更有效率、更基督化、更中国化"的应变新口号①。在这种形势下，传教士们兴办的各类图书馆也开始尽量减少"洋气"，如任用中国学者为主管人，大量收藏中文书刊，对教外的读者开放，加入中华图书馆协会等，以期得到中国人民的认可。教会刊物《真光杂志》就曾载文，建议开办一个全国性的"中国基督教流通图书馆"，免费对社会开放，"欢迎各阶层知识界利用图书馆来享受极自由的无限制的教育，或作种种的研究"，"使全国基督徒在同一图书馆之下，共同读书与研究学问，成为精神食粮上的大团契；更使教外读者与教会发生友谊的联系"②。这个设想虽然最终没有实现，但却反映了传教士们在图书馆办馆方针上的重要变化，即摒弃急功近利式的传教方法，通过为中国社会服务和与中国民众建立友谊的方式，间接地达到团结教徒和传播教义的目的。因此，在"五四"运动后的现代时期，基督教图书馆的宗教色彩大为减弱，宗教宣传的手法更为隐晦，与同时期中国人兴办的各类图

① 顾长声. 传教士与近代中国[M]. 上海：上海人民出版社，1981.

② 汤因. 中国基督教流通图书馆组织建议[J]. 真光杂志，1940：39(9).

书馆相比已没有明显的差异。这是中国基督教图书馆发展史上的一个重大转折。

值得注意的是，基督教图书馆的“中国化”改革，并不意味着传教士们放弃了传教的目的。著名的燕京大学及其图书馆的创办者司徒雷登就曾说过：“燕京大学的成立是作为传教事业的一个组成部分的……我要燕京大学在气氛和影响上彻底基督化，而同时又要甚至不使人看出它是传教运动的一部分。”[①]基督教图书馆改革的实质也在于此。但是由于这种变革，使基督教图书馆不再是游离于中国文化教育事业之外的独立王国，而是在很大程度上融为中国图书馆事业的一部分，也使更多的中国知识分子能够利用这些图书馆，使其发挥出更大的社会作用。因此，从中国图书馆事业发展的角度看，基督教图书馆的这种变革还是有许多积极意义的。

根据1937年的统计，中国基督教（新教）的图书馆共有114所，其中教会机构17所，神学院7所，大专院校19所，中学71所，藏书共约200万册。[②]天主教的图书馆未见专门统计，但在数量上不会低于新教图书馆。其他教派组织，如东正教传教士团，也有一定数量的图书机构。与近代时期相比，现代时期的基督教图书馆虽数量增多，且更有实绩，更少宗教色彩，但在中国图书馆发展史上的影响、作用却远不如前一阶段重要。究其原因，主要在于当时中国图书馆向近现代过渡的进程业已完成，国内图书馆与

① 司徒雷登. 在华五十年. 北京：北京出版社，1982.
② 汤因. 全国基督教图书馆概况[J]. 中华基督教教育季刊，1937：13（1）.

西方图书馆之间在性质上已没有大的差异，不再需要基督教图书馆提供启蒙和范例。从1935年的统计看，国内各类型图书馆已达5183所[①]，而且出现了诸如“国立北平图书馆”“国立中央图书馆”、北京大学图书馆等高水平的大型图书馆，致使传教士们兴办的图书馆在数量和质量上都相形见绌了。

新中国成立后，传教士和外国教会团体在中国内地失去了继续存在的基础。1949年8月，司徒雷登悄然离开了已经解放的南京，标志着近代西方传教士在中国经营一百多年的传教事业基本结束。传教士们和他们所创办与扶植的图书馆，这一近代中国的特殊产物，也由此结束了它们曲折而复杂的使命，其藏书大多归并到其他图书馆。但是，它们的历史轨迹却不会消失，如同外国教会和传教士是中国近现代历史的一部分一样，基督教图书馆也是中国图书馆历史的一部分，已经融汇在中国图书馆的历史发展之中。

① 严文郁. 中国图书馆发展史[M]. 台北：台湾枫城出版社，1982.

冲破藏书楼

如前所述，中国新型图书馆的源头在西方，在中国兴办这些图书馆的先行者也是来自西方的传教士。但是，创建中国近代图书馆的主角是中国人自己，是中国人民自身奋斗和中国社会发展的结果。

自1840年鸦片战争后，西学开始传入中国。但是在其后的半个世纪中，这种传入是极其缓慢的。就地域而言，主要局限在几个通商口岸，从致力于此的中国人来看，也只有少数从事“洋务”的官员。中国的上层统治者和士大夫阶层仍然背负着几千年的巨大惰性，生活在传统的精神世界里。即使是那些热衷于洋务的官员，也主要着眼于兵器制造、筑路开矿等具体技术知识，而绝少注意到西方政治、思想、文化方面的作用和影响。最能说明问题的例证是《书目答问》一书。这部流行一时的书目著作出自以提倡新政而著称于世的洋务派大员张之洞之手，刊行于国门开启后数十年的光绪二年（1876年），但这部洋洋大观的书目却仍囿于传统的四部图籍，而绝少提到西学文献。这种大势，决定了中国早期具有新型图书馆性质的为数极少的藏书楼都出现在京城和通商口岸城市，而且大多是在西方人（主要是传教士）的直接或间接参与下建成的。至于明确、系统的图书馆思想，则迟迟未能在

康有为

士大夫阶层中形成。

19世纪90年代是一个重要的转折点。这一时期西方列强对中国的侵略和扩张进入了一个新的阶段，中华民族面临着前所未有的被瓜分的危机。1895年中日甲午战争的失败，使中国的民众，尤其沉酣于几千年旧传统的士大夫们悚然惊醒。正如康有为所说："非经甲午之役，割台偿款，创巨痛深，未有肯幡然而改者。"梁启超也说："唤起支那四千年之大梦，实自甲午一役也……支那则一经庚申圆明园之变，再经甲申马江之变，而十八行省之民，就不知痛痒，未曾稍改其顽固嚣张之习。直待台湾既割，二百兆之偿款既输，而鼾睡之声，乃渐惊起。"①甲午的风云未散，法国即声称华南和西南为其"势力范围"，德国占了胶州湾，俄国占了旅顺口，英国则继续强行维护其在长江流域的利益，西方诸列强还掀起了"争夺租借地"的狂潮。在这种亡国灭种的冲击和恐惧之

梁启超

① 梁启超《戊戌政变记》。

下，中华民族的有识之士终于开始挣脱千年传统的束缚，把目光投向了西方，开始走上了学习西学、变法图强的道路。

为此，中国的士大夫们对西方的看法产生了根本性的变化，逐渐认识到西方列国不是什么“蛮夷之邦”，而是代表了一种强大的文明；所谓西学也不仅仅是“声光电化”等“奇技淫巧”，而是包括政治体制、价值观念和文化教育等诸多内容在内的完整体系。这种认识，逐渐从沿海到内地，从少数洋务官员到整个士大夫阶层及上层统治者，汇聚成一种强大的思想舆论，形成了中国近代史上西学传播的第一次高潮。

在这个高潮中产生了一批向西方寻求救国救民之道的有识之士。他们虽然分属于洋务派、维新派等不同阵营，政见也不尽一致，但在学习西方的过程中却产生了一种共识，即都把兴办教育、建立学堂、开发民智作为社会改良的首要内容，而兴办新式教育的主要内容之一又是建立西方式的图书馆。这种思想的出现以及在舆论中逐渐占据主导，是中国人在效法西方的过程中一个重大的转折和突破，新型图书馆的思想舆论即由此开始形成，并奠定了中国兴办新型图书馆的思想基础，而后的中国图书馆基本上是按照此时形成的原则和思路发展的。

较早注意到西方式图书馆的是中国近代思想界的先驱林则徐、陈逢衡、姚莹、徐继畬等人，他们在19世纪40年代撰写的著作，如《四州志》《英吉利纪略》《康輶纪行》《瀛环志略》等书中，都提到了英美等国的图书馆。19世纪后期的改良主义政论家王韬、学者马建忠则进一步提出了兴建新式图书馆的具体主张。

第一位系统地提出新式图书馆思想的是近代改良主义先驱郑观应，他刊行于光绪十八年（1892年）的著名著作《盛世危言》，其中第四卷《藏书》系统地论述了兴办图书馆思想，基本上包括了近代新型图书馆的主要精髓。

这些有关新式图书馆的思想问世后，在社会舆论界引起了强烈的反响，谈论介绍西方图书馆，倡议建立公共藏书楼，一时蔚成风气。当时舆论界的主要喉舌《时务报》《知新报》《国闻报》《湘学报》《万国公报》《清议报》等都连篇累牍地刊载有关新式图书馆的文章，就连西欧、日本等国图书馆的读者人数，美国图书馆教育的方式等具体的细节问题，都成为这些报刊所津津乐道的话题。这样就使得新式图书馆的观念日渐深入人心，占据了主导的地位，形成了一股强大的思潮。与政治体制上的改良相比，兴办图书馆的主张比较容易为国人所接受，不仅提倡新学者乐于此道，固守旧学者也愿意拥护。在维新派看来，新式图书馆固然是开发民智、传播西学的工具，在传统士大夫们的眼中，藏书楼也是弘扬儒学、研读经史的地方，何况又有乾隆年间开放四库的“故事”可循。因此，尽管兴办新式图书馆的观念是维新人士提出的，但它迅

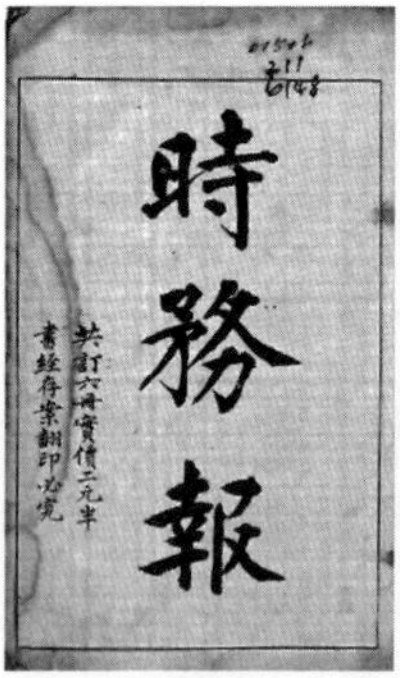

时务报

清议报

速征服了中国抱有各种观念的士大夫们，成为社会发展的潮流。

这一思想潮流很快就影响到统治阶级的上层。1896年，吏部尚书兼官书局督办孙家鼐撰文引述了当时通行的观点，指出“泰西教育人才之道，计有三事：曰学校，曰新闻馆，曰书籍馆”，还提出要在其主持的官书局中设立藏书院，允许“留心时事，讲求学问者入院借观，恢广学识”①。同年，刑部左侍郎李端棻撰写了著名的《请推广学校折》，奏请建立学堂，提出“与学校之益相须成者”有五条，其中第一条就是“设藏书楼”。李氏认为应仿效“泰西诸国”和“乾隆故事”，“自京师及十八行省会咸设大书楼”，而且要“妥定章程，许人入楼观书，由地方公择好学解事之人，经理其事。如此则向之无书可读者，得以自勉于学，无为弃才矣”②。湖广总督张之洞在《上海强学会序》中提出了“拟宏区宇，广集图书”的主张③。这篇序文虽由康有为代拟，但毕竟是经张之洞本人所认可的。就连光绪皇帝在1898年筹办京师大学堂时也发出过拨款“购图书”的上谕。④这些上层统治者的言论和观念，表明了他们对兴办图书馆的认同，这也是新型图书馆思想终于在中国形成并逐渐占据主流地位的一个重要标志。

在这场决定中国图书馆命运的思潮中，梁启超是最杰出的一位代表。梁启超，字卓如，号任公，又号饮冰室主人，同治十二年

① 孙家鼐. 中国出版史料初编[M]. 北京：中华书局，1957.

② 李端棻. 中国近代教育史料上册[M]. 北京：人民教育出版社，1961.

③ 严文郁. 中国图书馆发展史[M]. 台湾：台湾枫城出版社，1983.

④ 刘锦藻. 清朝续文献通考，卷106. 上海：商务印书馆，1936.

（1873年）生于广东新会，是我国近代著名的思想界先驱和维新派主将，也是近代图书馆的主要倡导者和推行者。在19世纪90年代新式图书馆观念的形成过程中，梁启超以他渊博的学识、敏锐的眼光、过人的才华、生花的妙笔，成为当时影响最大、鼓动力最强、思想最深刻、成就最卓著的图书馆理论家和活动家，做出了远远超出他人的重要贡献。通过梁启超这个典型代表，我们可以看到我国近代图书馆形成的轨迹和其中的思想精髓。

梁启超出身于一个半耕半读的知识分子家庭，如他自己所述："启超故贫，濒海乡居，世代耕且读，数亩薄田，举家躬耘，获以为恒。"①他自幼酷爱读书，11岁中秀才，16岁中举人，虽有"神童"之称，但也饱尝了无力购书的苦楚。他后来追忆幼年读书情景时感叹地说：

启超故陬澨之鄙人也。年十三，始有志于学，欲购一潮州刻本之《汉书》而力不逮，乃展转请托，假诸邑之薄有藏书者，始得一睹。成童以还，欲读西学各书，以中国译出者不过区区二百余种，而数年之力，卒不能尽购……夫启超既已如是，天下寒士与启超同病者，何可胜道，其知几百千万亿人也！②

童年读书的艰辛播下了梁启超从事公共藏书事业的种子。光绪十七年（1891年），梁启超从师康有为，读书于广州的万木草

① 丁文江，赵丰田. 梁启超年谱长编[M]. 第一册（谱前）. 上海：上海人民出版社，1983.

② 梁启超. 万木草堂书藏征捐图书启. 载《饮冰室合集·文集》第三册. 上海：中华书局，1941.

堂，开始了他世界观和学术思想的奠基时期。在万木草堂，梁启超创办了一生中的第一所“图书馆”——万木草堂书楼：

往者（作者注：在万木草堂读书时期）既与两三同志，各出其所有之书，合度一地，得七千余卷，使喜事小吏典焉，名曰万木草堂书楼。以省分购之力，且以饷戚好中之贫而好学者而已。数年以来，同志借读渐众，集书亦渐增，稍稍及万卷。①

梁启超对这个小小“图书馆”的感情很深，后来当他成为著名的维新派领袖时，还念念不忘扶植万木草堂书楼，亲笔为其起草征捐图书的文章。当然，万木草堂书楼仍没有超越旧式书院藏书楼的范畴，这时的梁启超对西方式的近代图书馆还没有什么系统的认识。

1894年，梁启超与康有为一起来到北京，走上了变法维新的政治舞台。面对令人眼花缭乱的西学知识和内外交困的政治局势，年轻好学的梁启超认识到：“今时局变异，外侮交迫，非读万国之书，则不能通一国之书。”②然而在当时的中国要想“读万国之书”又谈何容易：“欲以一人之力，以天下之书，虽陈、晁、毛、范，固所不能，况乃岩穴蓬壁好学之士，都养以从师、凭庑以自结者，其孰从而窥之”③。在这种形势下，已经系统研读西学的梁启

① 梁启超. 万木草堂书藏征捐图书启. 载《饮冰室合集·文集》第三册. 上海：中华书局，1941.

② 梁启超. 湖南时务学堂学约. 载《饮冰室合集·文集》第三册. 上海：中华书局，1941.

③ 同上注①。

超把目光从个人集书转向了西方式的图书馆："彼西学之为学也，自男女及岁，即入学校，其教科必读之书，校中因已咸备矣，其淹雅繁博孤本重值之书，学人不能家庋一编者，则为藏书楼以藏之，而恣国之人借览焉。"①从西方图书馆之中，梁启超看到了他多年梦寐以求的理想目标，也找到了为学、为政的新道路。自此，在中国建立西方式的新型图书馆，就成为梁启超变法维新活动的重要组成部分，也成为他毕生为之奋斗不息的事业。

梁启超倡办新型图书馆的第一步是与康有为等维新派人士共同创立强学会书藏（详见下节）。当时创立强学会的宗旨，乃如康有为所说："群中外之图书器艺，群南北之通人志士"②。为办好强学会及其书藏，梁启超投入了极大的热情，把其视为宣扬新学、启迪民智的开端。他后来追忆说："时在乙未之岁，鄙人与诸先辈，感国事之危殆，非兴学不足以救亡，乃共谋设立学校，以输入欧美之学术于国中……而组织——强学会，备置图书仪器，邀人来观，冀输入世界之智识于我国民"③。然而梁启超等人的理想很快就破灭了，强学会存在仅四个月即被清廷查封。后来美国传教士李佳白（Gilbert Reid）等办备有藏书楼的尚贤堂（英文为International Institute of China，中国国际研究院），梁启超力促其成，并在《记尚贤堂》一文中不无悲愤地写道：

① 梁启超. 万木草堂书藏征捐图书启. 载《饮冰室合集·文集》第三册. 上海：中华书局，1941.

② 李希泌，张椒华. 中国古代藏书与近代图书馆史料[M]. 北京：中华书局，1982.

③ 梁启超. 莅北京大学校欢迎会演说辞. 载《饮冰室合集·文集》卷二十九. 上海：中华书局，1941.

中国应举之事千万也，中国不自举，于是西人之旅中国者，仿之悯之，越俎代之……李君乃为此堂集金二十万，次第举藏书楼、博物院等事，与京师官书局、大学堂相应。其爱我华人，亦至矣。诗曰：无此疆尔界，李君之贤也；又曰：不自为政，抑亦中国之羞也。

强学会及其书藏被查封后，梁启超将兴办图书馆的热情转入到了研究、鼓吹、倡导西方式的图书馆上，成为中国新型图书馆思想的杰出代表和集大成者。19世纪90年代兴建图书馆思潮的形成和20世纪初各地图书馆的普遍兴起，梁启超有着不可磨灭的功绩。

梁启超于1896年8月开始任《时务报》总撰述，在他的主持下，《时务报》不仅成为在全国有巨大影响的维新派喉舌，也成为鼓吹西式图书馆最得力的一家报纸。在《时务报》创刊号上，曾旗帜鲜明地提出："泰西教育人才之道，计有三事：曰学校，曰新闻馆，曰书籍馆。"《时务报》各期多次刊载论述图书馆的文章，介绍西方各国的图书馆，报道国内各地筹办藏书楼的消息。在《时务报》的影响下，各种鼓吹维新变法的刊物，如《知新报》《国闻报》《湘学报》等都连篇累牍地宣扬和报道新型图书馆，一时风气大开，形成了强大的舆论。

与其他维新派人士一样，梁启超也把兴办新式图书馆看成是学习西方、救亡图存、成就维新大业的重要组成部分。1896年12月，《时务报》第13期曾刊文指出："今日振兴之策，首在育人才，育人才则必新学术，新学术则必改科举、设立学堂、定学会、建藏书楼……斯三者，皆兴国之盛举也。”梁启超也撰写了《论学会》一文，提出了“今欲振中国，在广人才，欲广人才，在兴学会”的观点，而建立学会的目的有16个，其中有5个都与新型图书馆有关：“……七曰咨取官书局群籍，概提全份，以备储藏；八曰尽购已翻新书，收庋会中，以便借读；九曰择购西文各书，分门别类，以资翻译；十曰广翻地球各报，散布行省，以新耳目；十一曰精搜中外地图，悬张会堂，以备浏览。”[①]正是由于梁启超的重要影响和不懈努力，使“救国必先治学，治学必先建藏书楼”的思想日渐深入人心，成为一种社会共识。

梁启超是一位才华横溢的学者，其文笔在当时享有盛名，在思想舆论界有极大的号召力。梁启超也同样用他那支生动鲜明、气魄宏大的笔来宣扬、鼓吹图书馆。例如，在描述英国等西方国家的图书馆时，他写道：“举国书楼以千百计，凡有井水处，靡不有学人，有学人处，靡不有藏书，此所以举国皆学，而富甲天下也。”[②]这种文采飞扬的“梁启超风格”使他的文章备受读者喜爱，也使他所宣扬的图书馆思想很快为社会所接受。在中国图书馆史上，梁启超是一位卓越的宣传家。

对于从西方传入的图书馆思想、观念和方法，梁启超不仅仅停留于介绍、宣传和鼓吹，而且还做了系统的研究，并有大胆的

① 《饮冰室合集·文集》之一。

② 梁启超．万木草堂书藏征捐图书启．载《饮冰室合集·文集》第三册．上海：中华书局，1941.

创新。这也是梁启超与同时代人相比的过人之处。1896年9月，梁启超在《时务报》上发表了著名的《西学书目表》。该书吸收了西方分类、著录的思想，将当时中国所译的西书分为西学、西政和宗教3大类及杂类（宗教类未录入书目）。西学类包括算学、重学、电学、声学、光学、化学、汽学、天学、地学、全体学、动植物学、医学、图学等13目，西政类包括史志、官制、学制、法律、农政、矿政、工政、商政、兵政、船政等10目，杂类包括游记、报章、格致、西人议论之书、无可归类之书等5目。《西学书目表》尽管还有许多不尽合理之处，但它的问世，是对1000多年来被视为“永制”的四部分类体制的一次冲击和突破，为近代新分类法的输入和产生开辟了道路，堪称中国新文献分类思想的启蒙著作。

梁启超宣传研究新图书馆的一系列活动，对中国图书馆思想的形成产生了重要的影响。例如，“图书馆”一词就首次出现在他所主持的《时务报》1896年9月第6册上，其文名为《古巴岛述略》，译自1896年8月26日的《日本新报》。又如，统治阶级上层人物对图书馆的认识许多都源自梁启超，上文中引述的吏部尚书孙家鼐论图书馆功用的文字，实际上是抄自《时务报》；礼部尚书李端棻是梁启超的妻舅，那篇著名的《请推广学校折》据说即出自梁启超的手笔，或者至少也是在梁的直接影响下写成的。

1898年6月，光绪皇帝发布《明定国是诏》的上谕，开始了百日维新。梁启超踌躇满志，认定维新派大显宏图的时机已经到来，并以非凡的热情和才干投入变法维新活动。在繁忙的政务活动中，梁启超仍没有放弃兴办新式教育和图书馆的理想。在他代总理衙门起草的《京师大学堂章程》中，专列了“藏书楼”一项。梁启超洋洋洒洒地写道：

学者应该之书甚多，一人之力必不能尽购。乾隆间，高宗纯皇帝于江浙等省设三阁，尽藏四库所有之书，俾士子借读，嘉惠士林，法意良美。泰西各国于都城省会皆设有藏书楼，亦是此意。近张之洞任广东，设广雅书院，陈宝箴任湖南，设时务学堂，亦皆有藏书。京师大学堂为各省表率，体制尤当崇闳。今设一大藏书楼，广集中西要籍，以供士林流览，而广天下风气。①

不难看出，京师大学堂及其藏书楼身上寄托了梁启超兴办教育、创建图书馆的理想和希望。然而，这次梁启超的梦想又落空了。变法维新活动不到百日便发生了戊戌政变，光绪皇帝被囚，梁启超也成了被缉捕的“康梁乱党”主犯，逃往日本避难。他苦心倡办的京师大学堂虽然侥幸免遭厄运，但兴建藏书楼的宏大计划却被迫中止，已收藏的一些图书仪器也在庚子事变中大部分毁于兵燹。

梁启超出逃日本后，与康有为一起在横滨创办了《清议报》，由梁启超任主笔，继续宣扬改良主义的主张。在主持《清议报》时期，梁启超仍继续宣传他的图书馆思想和主张，其论述也更为深入和系统。他在《清议报》刊载的一篇文章中，称图书馆为“开进文化一大机关”，文章写道：“何谓学校之外开进文化一大机关乎？曰：无他，唯广设图书馆可耳。”文中列举了图书馆的八项社

① 《京师大学堂章程》．载《近代中国教育史料》（一）．

会功能："第一之利，图书馆使现在学校受教育之青年学子，得补其知识之利也；第二之利，图书馆使凡青年志士，有不受学校教育者，得知识之利也；第三之利，图书馆储藏宏富，学者欲查故事，得备参考之利也；第四之利，图书馆有使阅览者，随意研究事物之利也；第五之利，图书馆有使阅览者，于顷刻间，得查数事物之利也；第六之利，图书馆凡使人皆得用贵重图书之利也；第七之利，图书馆有使阅览图书者，得速知地球各国近况之利也；第八之利，图书馆有不知不觉使养成人才之利也。"[①]这些思想表明梁启超已超越了一般维新派人物对图书馆的认识水平，达到了一个新的高度。

梁启超是新式图书馆思想的主要旗手和奠基人。他的思想、言论和行动，对中国图书馆思想的形成以及为社会所普遍接受，起到了至关重要的作用。虽然梁启超兴办图书馆的实绩并不多，但他的主张却能深入人心，有着潜移默化的影响。20世纪初我国所兴起的创办图书馆的高潮，基本上是按照梁启超等人的思想和主张行事的。

此外还值得一提的是，在新型图书馆形成并普及之后，梁启超对图书馆的兴趣依然不减，毕生都在为中国的图书馆奔波操劳。1916年，为纪念蔡锷将军，梁启超发起创办"松坡图书馆"，并被推为馆长。1925年4月，中华图书馆学会成立，梁启超出任董事部部长兼分类委员会主席，参与了中国图书馆界的许多重大活

① 《论图书馆为开进文化一大机关机》. 载横滨新民报社编《清议报全编》卷二十. 1930.

动。1925年10月，梁启超被任命为京师图书馆馆长，为兴办和维持这所国家图书馆付出了很大的心血。梁启超还用了很大的精力从事图书馆学的研究，写下了《中华图书馆协会成立演说辞》《图书馆季刊发刊辞》《中国图书大辞典》(部分)、《佛教典籍谱录考》《佛家经录在中国目录学之位置》《古书真伪及其年代》等大量著述，为推动中国图书馆学的发展做出了很大的贡献。

1929年梁启超逝世后，家人遵其遗愿，将其全部藏书捐送给当时的国立北平图书馆，包括"饮冰室藏书"2800多种4万多册，新书100多种140多册，还有许多墨迹、未刊稿本、私人信札等，均为宝贵文献。

新型图书馆的问世

所谓近现代新型图书馆，其主体主要有两种类型：大学图书馆和公共图书馆。至今如此，中外皆然。

在中国，最早和最具代表性的大学图书馆和公共图书馆的雏形，分别是同文馆书阁和强学会书藏。

京师同文馆

同文馆也称京师同文馆，首建于同治元年（1862年）。它是清末培养涉外翻译人员的学校，隶属于“总理各国事务衙门”，是中国官方自行创办的第一所新式教育机构。

同文馆在建立之初就伴随着图书馆的建设。当时的总理大臣、洋务派首领恭亲王奕䜣在1860年的《奏请创设京师同文馆疏》中，就有“饬广东、上海各督抚等，分派通解外国语言文字之人，携带各国书籍来京”[①]之语。这些由各地教师所带来的“各国书籍”就是同文馆最初的藏书。在其后的几十年中，史料中不断有关于同文馆藏书，尤其是外文文献的记录。如：同治七年（1868年）美国大使劳文罗曾送来书籍若干，同文馆也购书回赠；同治十一年（1872年）法国大使热福里代表法国文学苑赠送同文馆图书11箱，共计188册，“以备同文馆肄业泰西文字之用”，同文馆也回赠了《康熙字典》《昭明文选》等中国书籍110部，以“彼此互读，亦彼此相认”[②]。

至迟在光绪十三年（1887年），同文馆就已有专用的藏书机构“书阁”。在该年刊印的《同文馆题名录》中，对书阁有具体生动的记载：

> 同文馆书阁存储洋汉书籍，用资查考。并有学生应用各种功课之书，以备分给各馆用资查考之用。汉文经籍等书三百本，洋文一千七百本，各种功课之书、汉文算学等书一千本。除课读之书随时分给各馆外，其余任听教习、学生等借阅，注册存记，以免遗失。[③]

由是不难看出，同文馆书阁的藏书数量虽不算多，但绝大多数是洋文书和“功课”“算学”等新书，已摆脱了旧式“官学藏书”以儒家经典、正史为主的窠臼；采取了西方式图书馆的某些管理

① 奕䜣．奏请创设京师同文馆疏．中国近代出版史料[M]．北京：中华书局，1957.

② 《总理各国事务奕䜣等片》，载《中国近代学制史料》第一辑上册。

③ 《同文馆题名录》（第四次），光绪十二年（1886年）刊本。

方式，如借阅、注册、存记等；藏书也不再以收藏为主要目的，而是“用资查考”，供全校读者借阅和使用。因此，同文馆书阁业已不同于古代的官学藏书或书院藏书，实际上已具备了近代大学图书馆的性质。

由于同文馆创设于京师，又是中央政府的官办学校，因此它的办学方式在全国有较大的影响。此后，各地相继创办的新式学堂、学校，大多建立了类似同文馆书阁的新型藏书楼，其中很多藏书楼日后都发展成为著名的大学图书馆，如光绪二十一年（1895年）天津北洋西学学堂建立藏书室，后来发展成北洋大学图书馆，新中国成立后改称天津大学图书馆；光绪二十二年（1896年）上海南洋公学创办图书院，1921年改称上海交通大学图书馆。至于同文馆书阁，由于同文馆于光绪二十八年（1902年）并入京师大学堂，同文馆书阁也于同年归并于京师大学堂藏书楼，1912年改

京师大学堂

称北京大学图书馆。

强学会创立于光绪二十一年（1895年），当时是维新变法运动的总机关，其发起人是维新派的领袖人物康有为、梁启超、麦孟华、杨锐等。时值甲午战败后不久，康、梁等人为变法图强上下奔走，广造舆论，强学会的目的就是“群中外之图书器艺，群南北之通人志士，讲习其间，因而推行于直省焉”①。因此强学会广募义捐，建立了新型的图书机构——强学会书藏。

强学会书藏甫一建立，使仿照西方公共图书馆的做法，采取了对广大民众开放的姿态。由于当时的国民还不懂得利用图书馆，强学会的成员四处邀人，甚至求人来看书。据梁启超回忆，强学会书藏成立后，“备置图书仪器，邀人来观，冀输入世界之智识于我国民。该书藏中有一世界地图，会中同人视如拱璧，日出求人来现。偶得一人来观，即欣喜无量”②。这种传播知识、开发民智的热忱，令人感动不已，已然是现代公共图书馆的姿态。

同年11月，有人以“私立会党”“显干例禁”为由，奏请清廷查封，强学会遂被禁，前后仅4个月的时间。强学会书藏虽是个短命的组织，但影响却很大。据统计，在1896年至1898年的几年中，全国各地共成立学会87个，学堂137所，报馆91所③。在这些雨后春笋般涌现的学会组织中，很多都建立了具有公共图书馆性质的书藏或书楼。武昌质学会在其章程中称：“今拟广搜图书，以飨会

① 康有为. 上海强学会后序. 不忍[J]. 第九、十合册.

② 丁文江，赵丰田. 梁启超年谱长编[M]. 上海：上海人民出版社，2009.

③ 谢灼华. 中国图书和图书馆史[M]. 武汉：武汉大学出版社，2005.

友。中书局外兼购西书，凡五洲史籍，格致专家，律制章程，制度政典，皆储藏赅备，以资他山。"上海强学会以"开大书藏"为其主要宗旨之一，具体做法是模仿西方的公共图书馆："泰西通都大邑，必有大藏书楼，即中国书籍亦藏弆至多。今合中国四库图书，备钞一份，而先搜集经世有用者。西人政教及各种学术图书，皆旁搜购采，以广考镜而备研求。其各省书局之书，皆存局代售。"衡州任学会"拟设格致书室一所，以开民智，任人观看"①。这些遍及全国的学会书藏和书楼，成为中国公共图书馆事业的先声。

强学会书藏还产生了一个直接的结果，就是促成了官书局藏书院。强学会被查封后，引起了朝野的广泛不满，许多有识之士纷纷上书要求解禁。结果清廷决定将强学会改为官书局，并派吏部尚书孙家鼐任官书局督办。孙家鼐虽然不是维新派，但却接受了一些新思想，主张兴办新式教育和创办图书馆。他反对封禁强学会，认为强学会书藏"意在流通秘要图书，考验格致精蕴"，并指出"此日多一读书之士，即他日多一报国之人"②。孙家鼐主持撰写的《官书局奏办章程》中第一条便是"设藏书院"③。官书局藏书院虽然不像强学会书藏那样热衷于图书的传播，但也秉承了开放的精神，"用备留心时事、请求学问者入院借观，恢广学识"④。因此，官书局藏书院在某种程度上继承了强学会书藏所

---

① 李希泌. 中国古代藏书与近代图书馆史料[M]. 北京：中华书局，1982.

② 孙家鼐. 官书局开设缘由[M]. 北京：中华书局，1957.

③ 孙家鼐. 官书局奏办章程[M]. 北京：中华书局，1957.

④ 同上。

开创的事业。由于官书局藏书院具有官办的背景，其藏书之规模比强学会书藏更为宏大，社会地位也更牢固。1898年京师大学堂成立后，官书局及其藏书院都归并于其中。

同文馆书阁和强学会书藏，以及后来的官书局藏书院，最后都归并于京师大学堂藏书楼，使得这座著名的大学图书馆甫一问世便先声夺人，不同凡响。

京师大学堂及其藏书楼创建于光绪二十四年（1898年），是戊戌维新的直接产物[①]，其命运多舛，历经波折，同时也影响深远，是近代高等教育和大学图书馆的缩影。

京师大学堂创办时由吏部尚书兼官书局督办孙家鼐任京师大学堂管学大臣，而京师大学堂的实际倡导者和设计者是梁启超等维新派领袖。近代高等教育史上深具影响的文献《京师大学堂章程》就是梁启超代总理衙门起草的，其中关于藏书楼的各项详尽描述和规定也成为近代大学图书馆历史上最早、最经典的建馆章程。

同年9月，以慈禧太后为代表的顽固派发动戊戌政变，各种新政、新法尽废，这时京师大学堂仅建立两个月时间。大学堂及其藏书楼虽然得以幸存，成为戊戌维新仅存的成果，但兴办新式教育、广育人才、讲求时务等宗旨均已无法实现。庚子（1900年）

① 学界历来认为京师大学堂藏书楼创建于京师大学堂复校时的1902年，拙作《北京大学图书馆九十年纪略》（北京大学出版社，1992年版）和《从藏书楼到图书馆》（书目文献出版社，1996年版）亦沿袭了这一论点。但近年研究发现，京师大学堂藏书楼实际上建立于1898年，本书依此做了更正。参见：姚伯岳《在古籍编目中发现京师大学堂藏书楼的源头》（《大学图书馆学报》2013年第6期）。

之变，义和团和八国联军先后进京，京师大学堂被迫停办，书籍仪器损毁无数，“大学堂先被土匪，后住洋兵，房屋既残毁不堪，而堂中所储书籍仪器亦同归无有”①。

光绪二十八年（1902年）京师大学堂复校，张百熙就任管学大臣，学校的各项教育活动逐步正规，并开始转入近代教育的轨道，京师大学堂藏书楼亦得以复建。1903年，清政府颁布全国高等教育纲领《奏定大学堂章程》，其中规定全国大学堂（即高等院校）的藏书机构统称为图书馆，主管人为图书馆经理官。这是我国的官方文件中首次使用“图书馆”名称。但是在京师大学堂，人们仍习惯沿用藏书楼的旧称。当时的做法是：“于楼额仍沿用藏书楼之名，而于章程则标为图书馆。”②藏书楼主管官员则从1904年起由“提调”改称图书馆经理官。辛亥革命后的1912年5月，京师大学堂改称北京大学，京师大学堂藏书楼也正式改名为北京大学图书馆。

京师大学堂藏书楼的建立与发展是我国近现代图书馆史上的一件大事，对我国新型图书馆的成熟与完善有着极大的影响。当时它虽然名为藏书楼，但其性质已完全是新型的大学图书馆。京师大学堂由于有着全国最高学府和全国教育管理机关的双重地位，使得京师大学堂藏书楼在我国图书馆发展史上的作用和影响远远超过了当时的一些传教士、地方学堂或开明缙绅所创办的新式图书馆，其办校、办馆方式实际上成了全国院校的一个范

① 张百熙．奏办京师大学堂．载近代中国教育史料（一）．

② 《大学堂续订图书馆章程》，北京大学图书馆藏。

例。1903年清政府颁发的高等教育纲领《奏定大学堂章程》中明文规定:“大学堂当置附属图书馆一所,广罗中外古今各种图书,以资考证。”这实际上就是把京师大学堂及其藏书楼的办学、办馆模式在全国进行推广。诚如当年梁启超等人所期望的,京师大学堂藏书楼起到了“以广天下风气”[1]的作用。此后,办学堂必建图书馆,建图书馆必取法于京师大学堂藏书楼,这在当时兴办新式教育的潮流中已然蔚成风气。

古越藏书楼书目

在20世纪初兴办图书馆的潮流中,得风气之先的当属东南各省,其中最为人们称道的就是被誉为近代公共图书馆之先河的古越藏书楼。古越藏书楼的创办者是绍兴缙绅徐树兰。徐氏曾任兵部郎中、候选知府、盐运使等职,归乡后热心兴办各种社会公益事业。他创办了西方式教育机构“绍郡中西学堂”,推行新式教育,在东南地区产生了较大影响。而后徐氏又把目光投向了西方式的图书馆,认定了开办公共图书馆这条道路:“泰西各国讲求教育,辄以藏书楼与学堂相辅而行。都会之地,学校既多,大多必建楼藏书,资人观览……

① 《京师大学堂章程》。

一时文学蒸蒸日上，良有以也”，因此他“参酌各国规制”，创建了古越藏书楼。[1]古越藏书楼“集议于庚子，告成于癸卯”[2]，亦即创办于1900年，建成于1903年，是中国最早的西方式的公共图书馆。徐树兰殁后，徐氏后人继续开办古越藏书楼，民国时曾受到教育部的嘉许。后来古越藏书楼改名为绍兴县立图书馆。新中国成立后，其藏书移交绍兴鲁迅图书馆。现在绍兴市胜利路的古越藏书楼旧址尚存有石库墙门和临街楼。[3]

公共图书馆的主体为官办，即公办，否则难成气候，也难长久。在我国图书馆发展史上，真正奠定近代图书馆基础，起到了划时代作用的，当属各地区（尤其是省一级）官办的大型公共图书馆和国家图书馆的建立。从20世纪初年到辛亥革命前，各省的官办公共图书馆如同雨后春笋，相继在各地出现。这是在西方涌来的新思潮的推动下所产生的瓜熟蒂落的效应，也是几代有识之士多年不懈努力的结果。它们标志着中国图书馆事业从酝酿时期、萌芽时期，进入全面的实施时期。

这一时期各地建立的官办大型图书馆不下20所，情况如下表所列。

---

① 徐树兰《为捐建古越藏书楼恳请奏咨立案文》，载《古越藏书楼书目》，光绪三十年（1904年）十月崇实书局七年印本。

② 张謇《古越藏书楼记》，载《古越藏书楼书目》. 光绪三十年（1904年）.

③ 顾志兴. 浙江藏书家藏书楼[M]. 杭州：浙江人民出版社，1987.

清末主要官办公共图书馆一览表

创办时间	名称	地点	创办人	备注
1903年	浙江藏书楼	杭州	张享嘉	1909年改名浙江图书馆
1904年3月	湖南图书馆兼教育博物馆	长沙	庞鸿书	1905年正式定名为湖南图书馆
1904年8月	湖北图书馆	武昌		
1904年	福建图书馆	福州		
1907年	江南图书馆	江宁（南京）	端方、缪荃孙	
1908年10月	直隶省城图书馆	天津	卢靖	
1908年	黑龙江图书馆	齐齐哈尔	徐世昌、周树模	
1908年	奉天省城图书馆	奉天（沈阳）	张鹤龄	
1909年2月	山东图书馆	济南	袁树勋	
1909年2月	河南图书馆	开封	孔祥霖	
1909年5月	吉林图书馆	吉林	锡良、陈昭常	
1909年7月	京师图书馆	北京	张之洞、缪荃孙	
1909年	陕西图书馆	西安	恩寿	
1909年	归化图书馆	归化	三多	
1909年	云南图书馆	昆明	沈秉堃	1910年3月正式开馆
1909年	广东图书馆	广州	沈曾桐	由张之洞创办的广雅书局藏书楼扩建而成
1909年	山西图书馆	太原	宝棻	
1910年	广西图书馆	桂林	张鸣岐	
1910年	甘肃图书馆	兰州	陈曾佑	
1910年	上海图书馆	上海	盛宣怀一	

京师图书馆，现为国家图书馆古籍分馆

京师图书馆（现国家图书馆古籍分馆）创建于宣统元年（1909年）。该年清廷宣布筹备立宪，学部于当年三月写出了《奏分年筹备事宜折》，提出于宣统元年“京师开办图书馆”和“颁布图书馆章程”的计划[①]。筹建京师图书馆之事由学部大臣张之洞主持。时值张之洞病危，于临终前呈上了著名的《学部奏筹建京师图书馆折》。此项奏议于同年八月初五获清廷批准，是为京师图书馆正式诞生的标志。学部委派了著名藏书家和文献学家、时任翰林院编修的缪荃孙出任京师图书馆正监督，开始了筹建工作。京师图书馆于民国建立后的1912年8月正式开馆。

京师图书馆创建的第二年（宣统二年，1910年），学部拟定的

① 《学部官报》第八十五期. 台湾国立故宫博物院印行，1980.

《京师图书馆及各省图书馆通行章程》正式颁布。这是我国第一个官方图书馆法规，也是我国近代图书馆事业史上的一件大事。以京师图书馆的建立和《京师图书馆及各省图书馆通行章程》的颁布为标志，中国的图书馆走完了从藏书楼到图书馆的曲折历程，至此，一个新型的、西方式的、迥异于几千年藏书楼传统的近现代图书馆宣告诞生了。

第二章 天下之公器

西方公共图书馆的发展历程

西方图书馆的历史源远流长。早在公元前4000年左右，美索不达米亚平原就有大量的文献收藏，当时的文献形态主要是书写在泥版上的楔形文字，称“泥版文书”。亚述王国时期规模宏大的尼尼微图书馆已为考古发掘所证实。同样历史久远的还有古埃及的图书馆，其收藏除了泥版文书外，还有以纸莎草、皮革等作为载体的文献。及至古希腊和古罗马时期，图书馆已经普及，亚里士多德的学园图书馆名噪一时，著名的亚历山大图书馆兴盛了几百年之久，甚至在雅典、罗马等大城市中还出现了对部分市民实行某种开放程度的公共图书馆。①

西方图书馆的历史虽然长久，但西方古代和中世纪的图书馆和我们今天意义上的现代图书馆是有重大差异的，其中公共图书馆及其理念的出现是重要的分野和标志。

尽管“公共图书馆”这一名称在西方古代文明中早已出现，但真正意义上的公共图书馆只能出现于现代社会，是社会发展到一定阶段的产物。此前，所有的图书馆，包括一些冠之以公共图书馆名义的图书馆，都有特定的服务对象，他们或是皇家成员、达官

① 哈里斯. 西方图书馆史[M]. 吴晞，靳萍，译. 北京：书目文献出版社，1989.

贵胄，或是神职人员、学院师生，或是有特定身份的市民，而非社会所有成员。新型公共图书馆的产生实际上是社会民主、公民权利、社会平等和信息公正等现代人文意识成熟的结果。

古罗马塞尔苏斯图书馆

19世纪中期的英国首先具备了这样的社会条件。1852年，英国曼彻斯特公共图书馆成立。学界普遍认为，曼彻斯特公共图书馆是世界上首个现代意义上的公共图书馆，它的问世是公共图书馆诞生的标志。

西方皇家图书馆

当时英国有一位名叫爱德华兹的图书馆员，他被后世称为现代公共图书馆的理论

英国早期公共图书馆

美国国会图书馆

奠基人和先行者。爱德华兹出身贫苦，自学成才，做过大英博物馆和图书馆的编目员，以毕生之力，为倡导和实现公共图书馆的理想而不懈奋斗。在他的努力下，英国下议院于1850年通过了一个法案，授权地方议会为免费图书馆征税。这就是人们常说的世界上第一部公共图书馆法，它标志着公共图书馆制度的正式确立。曼彻斯特公共图书馆就是依照此法率先建立的，爱德华兹出任了首任馆长。因此，可以说公共图书馆是在近现代公民社会建立的过程中应运而生的。

曼彻斯特公共图书馆的诞生在当时并不是轰动一时的事件，除了大文豪狄更斯参加了曼彻斯特公共图书馆的开幕式和做了演讲，并没有多少引人注目的地方。但是爱德华兹和曼彻斯特公共图书馆为后世留下了有关公共图书馆的基本精神和制度，可以归纳为：依据政府立法建立，公费支持，免费服务，以及社会成员无区别服务。这些理念堪称经典，为其后各国公共图书馆的建立，以及后来《公共图书馆宣言》的产生，奠定了基本的精神内核。

在曼彻斯特公共图书馆问世之后，亦即19世纪后期至20世纪初期，欧美各国公共图书馆迅速兴起。这一时期，仅美国钢铁大王安德鲁·卡内基就在美国、加拿大、英国捐办了2500余座公共图书馆，揭开了西方，尤其是美国公共图书馆发展史上极为波澜壮阔的一幕。我国的公共图书馆也是在此时起步和发展的。自此，新兴的公共图书馆逐渐成为数量最多、藏书最丰富、服务面最广、影响最广泛的图书馆类型，并成为社会图书馆事业的主流和支柱。我们今天讲现代图书馆的理论、观念和宗旨等，首先是指

美国国会图书馆内景

公共图书馆，是由公共图书馆而发，针对公共图书馆而行的。

继爱德华兹之后，诸多知名图书馆学家和图书馆专业工作者，如杜威、普勒、谢拉等，均对公共图书馆的理论和制度做出过深入的阐述。美国图书馆协会发布的《图书馆员伦理条例》（1929年）和《图书馆权利宣言》（1939年），使得公共图书馆的理念日渐深入人心，逐渐成为世界各国人民所普遍接受的价值观。1948年，联合国大会通过并颁布了著名的《世界人权宣言》，其中关于人人享有信息自由权利的主张，直接催生了《公共图书馆宣言》。

1949年，联合国教科文组织通过了《公共图书馆宣言》，正式表达了世界文化知识界和图书馆界对公共图书馆的基本立场。概括起来，《公共图书馆宣言》重点向世人阐明了三个观念：一、公共图书馆是现代民主政治的产物，也是民主制度的保障和民主信念的典范；二、要立法保障公共图书馆事业的发展，完全或主要由公费支持；三、对社区所有成员实行平等的服务，全部免费开放。《公共图书馆宣言》在1972年和1994年又做了两次修订，内容虽然有所补充订正，但其主要精神是一以贯之的。现在通行的为1994年版，其正式名称为《国际图联/联合国教科文组织：公共图书馆宣言（1994）》（*IFLA/UNESCO: Public Library Manifesto* [1994]）。

《公共图书馆宣言》的问世是世界公共图书馆发展史上的重大事件。它既是有关公共图书馆思想理论的集大成者，又是指导公共图书馆建设的利器，对世界各国公共图书馆的发展起到了重

国际图书馆联合编目中心

要的推动和指导作用。自1996年国际图联(IFLA)第62届大会在北京召开之后,《公共图书馆宣言》开始为国内图书馆界及社会各界所认识,并广为传播。进入21世纪后,我国图书馆业内的理论研究者对《公共图书馆宣言》给予了极大的关注,撰写了大量的研究介绍文章。一些地方的公共图书馆及其管理部门也突破桎梏,勇于践行,有力地推动了全国公共图书馆的建设和改革。在许多重大问题上,如唤醒民众的图书馆权利意识、倡导公共图书馆的基本精神、明确各级政府对公共图书馆的责任等方面,近年来均取得了突破性的进展。《公共图书馆宣言》的诸多理念,如公益、均等、免费等,已经由学界的呼吁和部分公共图书馆的实践转化成为国家的既定政策。

公共图书馆的基本精神

20世纪80年代初期，有一部电视连续剧《华罗庚》，剧情并不出色，现在也很少有人记起它。但我对剧中的一个情节却久久不能忘怀——年轻的华罗庚在一所简陋的学校念书，得知学校图书馆藏有几本数论方面的书，想借来读，却受到图书馆一位老管理员的训斥：年轻人不好好学功课，看这些闲书何用！而华罗庚依然锲而不舍，日复一日地在图书馆打水、做卫生，终于感动了老管理员，读到了日思月想的数学著作。

这个故事是编导的杜撰，还是出自华罗庚的真实经历，我并不明了，也没有深究。但它却深深地印在了我的脑海里，多年来挥之不去，并由此产生了一系列有悖常情的联想：如果那位老管理员坚持按“规定”办事，不肯网开一面，如果华罗庚不是那样地锲而不舍、孜孜以求，那么，华罗庚就读不到启蒙的数学著作，就可能成不了蜚声中外的大数学家。天哪，我们怎能设想中国和世界的科学史上没有华罗庚！倘若因为图书馆的原因而使这位天才数学家横遭扼杀，我们图书馆从业者岂不是成了千古罪人！

不幸的是，多年来类似的剧情却在国内图书馆真实地上演，各种貌似有理的歧视性“规定”比比皆是：教师读的书，学生不能看；“高层次”的书，普通读者不能看；“内部”的书，不够级别的读者不能看；收费的书，没交费的读者不能看；专业性的书，非本专业读者不能看；本地读者可以看的书，外地读者不能看……哪一条“规定”都有其充分的道理，但不知人们是否想过这样一个令人不寒而栗的问题：这些堂而皇之的条条框框，多年来不知扼杀了多少个“华罗庚”！

这些弊端均有悖于公共图书馆的基本精神和核心价值观。概括而言，我们可以将图书馆，尤其是公共图书馆，称之为“天下之公器”。公器的基本含义是“天下共用”，其典出自《庄子·天运》：“名，公器也。”西晋郭象《庄子注》曰：“夫名者，天下之所共用。”后人因之将名位、爵禄、法律、学术等称为“天下之公器”，如《旧唐书·张九龄传》：“官爵者，天下之公器”；《资治通鉴》卷一四：“法者天下之公器，惟善持法者，亲疏如一”；梁启超《欧游心踪录》：“学术者，天下之公器也”。“公器”一词遂成为全社会共有、共用名物之概称。公共图书馆即为典型之天下公器或社会公器。

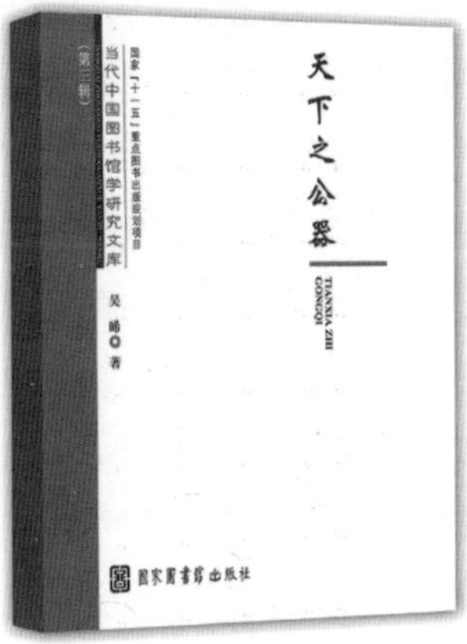

公共图书馆研究论著

公共图书馆作为天下公器，其核心就是人文关怀的精神。具体说来，就是开放、平等、免费，政府创建，公费支持。这是曼彻斯特公共图书馆的首倡，也是《公共图书馆宣言》的基本原则。一个图书馆如果具备了这些特征，就可以称之为现代意义上的公共图书馆了；反之，则不是现代公共图书馆，或者说不是合格的现代公共图书馆。在合格的现代公共图书馆里，现代社会中人文关怀、人本主义、以人为核心的民主社会价值观可以得到充分体现，无数的青年“华罗庚”也可以不受阻碍地汲取知识、健康成长。

正是基于这种认识，有研究者提出：“从社会的角度看，其他类型的图书馆只是一种社会机构，而公共图书馆不仅是一种社会机构，还是一种社会制度。”①这就是说，在文献采编、藏书组织和服务方式等图书馆业务方面，公共图书馆与大学图书馆、研究型图书馆等没有大的差别，但公共图书馆的存在使每一个社会成员具备了自由、平等、免费地获取和利用知识信息的权利，代表了知识信息的公平分配，从而维护了社会的民主和公正。公共图书馆存在的意义超过了图书馆机构本身，有着无可替代的历史使命和社会责任，向全社会宣示了现代民主、公民权利和人人平等的重要价值观念。

然而，这种公共图书馆的核心价值和基本精神，在我国图书馆却是长期缺失、缺位的。

如前所述，现代意义上的图书馆，尤其是公共图书馆，在我国是西方思想文化传入的产物。在新型图书馆创建之初，限于当时的历史条件，前辈们更多地注重图书馆的社会教育职能，引进的多是有关图书馆的方法和技术，而在一定程度上忽视了图书馆的基本精神和社会意义。1949年后，在以“阶级斗争为纲”的政

① 范并思. 公共图书馆精神的时代辩护[J]. 中国图书馆学报，2004（2）.

治环境中，这些来自西方的观念自然成为禁区。新时期改革开放为我国图书馆的发展带来了空前的机遇，但与此同时又受到市场经济大潮的无情冲击，致使经营创收、以文养文、文化产业等种种弊端一时占据主流。因此，我国公共图书馆先天不足，后天压抑，畸形发展，精神缺位，是长期存在的事实。

举一个例子，即可见我国政府和业界的公共图书馆意识之淡薄。有人曾指出过一个怪现象：当下中国没有“公共图书馆”。当然，中国是有很多公共图书馆的，但耐人寻味的是，却没有一家图书馆打出“公共图书馆”的名号，各级各地概莫能外。名称固然不能取代实质，可是全国几千家公共图书馆都没有与之相应的正式招牌，这就不仅仅是名称问题了，而是反映了公共图书馆精神的缺失。粗略翻检一下现代图书馆的历史，似乎只有19世纪中叶上海租界当局办的“工部局公众图书馆”和20世纪20年代韦棣华女士兴办的“文华公书林”曾冠之以公共图书馆之名。工部局公众图书馆是因其英文名称Public Library, S.M.C而来，实际上只对外国侨民开放，谈不上是真正的公共图书馆。只有“文华

公书林”才是名实相符的公共图书馆，“公书林”的意思就是公共图书馆，而其英文名称为“Boone Library”（还有的文献写作Kung Shu Lin：Public Use Library），其含义是明确无误的。

正是由于精神缺位，种种弊端层出不穷。曾发生过的几起涉及图书馆的有社会影响的公共事件，公众舆论几乎一边倒地攻击和反对图书馆。有些很刻薄的言辞，如将图书馆限制文献利用的种种行为，比作太监守着三千佳丽，自家不用还不许别人动，在网上招来了一片叫好之声。其实也不奇怪，多年来图书馆“欠账”太多，积怨太深，“天下苦秦久矣”，于是这些挑头发难的人就成了陈胜、吴广，这些具体事件就成了压死骆驼的最后一根稻草，激起众怒是很自然的。

在众多的弊端中，最遭诟病的是服务收费和拒绝平等提供服务这两个问题。

图书馆收费并不是绝对禁止的，国外发达国家的图书馆也有收费服务项目，作为额外占有公共资源的一种调节。但是将服务收费与图书馆“创收”挂钩，与图书馆职工的奖金、待遇，甚至工资相联系，则是鲜明的“中国特色”。在这样的环境下，许多馆员要靠“创收”养活自己，许多馆长要靠“造血”养活职工，乃至支撑整个图书馆的运作，这绝对是不正常的。这样的图书馆，不仅失去了作为公共图书馆的精神与灵魂，也失去了社会存在、获取社会支持的基本依据。

如果说某些图书馆在收费服务上还有些羞羞答答的话，那么拒绝平等提供服务就有着许多冠冕堂皇的借口：控制借阅是为了“保护文献遗产”，拒绝“三无人员”进馆是为了“维护社会治安”，高等级图书馆不接待普通读者是因为图书馆的“服务层次”不同，区别服务是为保障有一定级别的所谓“重点读者”，而为领导服务则是“为了全体人民的根本利益”。这些说法看起来堂而皇之，实际上没有一条是站得住脚的，因为它们违背了公共图书馆作为公共服务机构的根本原则。——顺便说到，图书馆读者的“身份”问题是有世界性背景的，美国的图书馆在20世纪60年代前还存在种族隔离条款，是马丁·路德·金领导的民权运动，才促使美国图书馆协会（ALA）在《图书馆权利宣言》中增加了不论读者的种族、宗教或个人信仰，均应得到公平服务的条款。

可喜的是，21世纪以来，通过图书馆界有识之士和社会各界的倡导呼吁，几家城市公共图书馆大胆探索践行，以上弊端已经有了极大改观。近年来中央和地方政府出台了一系列政策，将公共图书馆定性为公益文化单位，将图书馆的基本服务公益化、普遍化、均等化。有学者指出，通过业界的努力，将公共图书馆的精神、理念变为国家的政策方针，使全国公共图书馆朝着正确的方向发展，是21世纪中国图书馆事业发展的最大成就。此言不虚。

公共图书馆的价值功用

不知道大家想过没有，一个社会，一个城市，乃至一个社区，一个公民，为什么会需要公共图书馆？我们纳税人为什么要出钱、出力建设公共图书馆，并长期支持其运作？我们从中能得到什么收益和回报？

如前所述，公共图书馆是现代文明的直接产物，是现代社会民主、民权、平等、公正和公民社会的象征。这是公共图书馆对社会的最大贡献，也是其独有的、不可替代的社会价值。除此之外，公共图书馆还有许多具体的功用，诸如：

——图书馆是都市人的大书房，在信息量爆炸的时代为我们提供经过专业筛选的可靠文献信息；

——图书馆是市民的起居室，起到城市文化“第三空间”的作用；

——图书馆是公民终身教育的场所，人们在这里可以活到老，学到老，实现全面教育、终身教育；

——图书馆是市民的精神家园，在这里可以享受前人留下的包罗万象的巨大精神财富，可以站在巨人的肩膀上来眺望这个世界；

——图书馆是都市文明的收藏者、继承者和传播者；

——图书馆是城市可持续发展的资源保障，让文献信息成为社会发展、经济发展、科技进步、文化昌盛的重要资源。

类似的功用还可以列举很多，结论只有一个：城市需要图书馆，公民需要图书馆，图书馆是不可替代的。

读书图（丰子恺）

图书馆之所以能够发挥这样的社会功用，皆由于它拥有独特的资源——图书馆藏书。藏书是图书馆的独门利器，人类文明赖此而传承，阅读社会赖此而建立。

我先讲几个故事，看看古今中外的人们是怎样看待图书馆藏书的。

首先讲讲古人的故事。“大汉文章出鲁壁，千秋事业藏名山”，这副楹联是我几年前出访台湾汉学研究中心（即台湾所谓的“国家图书馆”）时见到的。楹联的书法、立意俱佳，不知作者是何人，但个中的典故是人们熟知的，主要包含了两个故事：一是鲁壁出书之说，出自孔颖达《尚书序》等多部典籍，讲的是西汉景帝年间在孔子旧宅的墙壁中发现儒家典籍的著名故事，这是中国学术史、思想史、文献史上的重大事件；二是名山藏书的典故，名山是司马迁虚构的理想文献典藏之地，即收藏《太史公书》的地方："藏之名山，副在京师，俟后世圣人君子"（《太史公自序》），"藏之名山，传之其人"（《报任安书》）。鲁壁出书，名山藏书，都反映了我国传统文化中对文献收藏的尊崇和景仰，这副楹联悬挂在图书馆是再合适不过了。在中国传统文化中，文献是"载道"的，也是文明的象征，所谓"唯殷先人，有典有册"（《尚书·多士》），其使命是"为天地立心，为生民立命，为往圣继绝学，为万世开太平"（张载"横渠四句"），因此文献要"藏之名山"，流传万代。这就是我们祖先的文献观念。

书山

再讲一个现代的故事，就发生在我曾供职的北京大学图书馆。我毕业后留校工作，当时是20世纪80年代初期，北大的"派性"遗存还是很厉害的，人们相互仇视、敌对、拆台，缘起就是"文革"时结的怨。可以想见，在"文革"时期，所谓的造反派、保皇派、天派地派、这个派那个派，相互"斗争"有多么残酷，伤害又有多么深。可是我在北大图书馆的一些老馆员中多次听到这样的故事:“文革”肇始时“破四旧”,红卫兵涌入图书馆要烧掉“封资修”的书刊,而图书馆的藏书按照当时的标准几乎统统都是“封资修”,应该付之一炬的。这时,图书馆正在斗得你死我活的几派就联合起来,不计前嫌,日夜守护,保卫藏书,最后象征性地烧了几本当时正在大力批判的《燕山夜话》和《三家村札记》了事,图书馆的藏书基本没有受损失。后来还听说,类似的在“文革”期间保卫藏书的故事在上海图书馆也发生过。我曾问过一些北大的老馆员:你们不是“对立面儿”吗,怎么不趁机将对方整掉?老馆员听了似不解:我们是干图书馆的呀。不知为什么,这个故事一直让我感动,它体现了图书馆员的职业精神和职业道德,甚至职业本能,即对文献的珍爱、尊崇和馆藏神圣的信仰。这些图书馆员都是普通人,他们不会先知先觉地对“文革”有什么超出时代的认识,其中甚至有许多人没有受过正规的专业教育,但我对他们非常敬仰。

再有一个故事,发生在不久前,我要把它当作反面例证来讲,因为它是图书馆、乃至整个社会藏书观念缺失的产物。某地图书馆高调宣布:借书证不再收取押金。该地政府领导放言,为使市民多办证、多借书,借书押金一律免除,由此而造成的图书馆书刊丢失的损失,全部由市财政增拨款项来埋单。应该说,免收押金是公共图书馆一项具有重大积极意义的举措,应提倡和推广。我国香港,以及许多西方国家的公共图书馆都是不收取借书押金的,居民的诚信本身就是担保。杭州市图书馆实行对本市户籍居民免收押金,非户籍人口出具一定的信用担保也可免收押金，受到了普遍的赞誉。我所供职的深圳图书馆也曾有过这样的打算，终因条件不具备，主要是深圳外来人口数量多且情况复杂，社会上也没有建立起有效的个人信用制度，只好先搁置。但上面提及的该地推出的这一举措，虽然也是用心良苦，却让人感觉有些不大对味儿，因为该地政府和图书馆不是寻求建立可以取代押金的信用担保制度，而是不惜损失图书馆的文献收藏，这就如同是在给市民开粥厂、发红包、派利是。在他们眼中，图书馆书刊的损失是可以用金钱来补偿的，馆藏的文献是可以作为福利赠送给市民的。最可笑的是，享受这一“福利”的恰恰是那些品行有亏、需要教育惩戒的“雅贼”，而广大遵纪守法的公民却要蒙受由此带来的损失，如加大财政开支、损失公共文献收藏等。在这件“好事”的背后，我们看到了对图书馆观念的错位，对图书馆藏书认识的缺位，以及对文化遗产和文明传承的漠视。

文献和藏书是图书馆的核心，既是图书馆学学科研究的核心，也是图书馆业务工作的核心。图书馆最重要的社会使命就是要传承文明和提供社会阅读。国家图书馆在建馆百年纪念时向全社会征集的宣传口号是：“传承文明，服务社会”，很好地体现出图书馆的社会责任和历史使命。无论是传承文明，还是服务社会，其前提和基础都是馆藏文献。

对于文献和藏书，国际思想学术界已经从人类历史和哲理的角度进行了阐述，其中卡尔·波普尔(Karl Popper)的“世界三”理论是许多人熟知的。其大意是：“世界一”是客观的世界，“世界二”是人们头脑中的精神世界，“世界三”是文献的世界。卡尔·波普尔因此得出了一个著名的结论：如果世界毁灭了，只要图书馆收藏的客观知识和人类的学习能力还存在，人类社会仍然可以再次运转；但如果图书馆也被毁灭，人类恐怕就要回到洪荒时期了。其实中国人还有个更富于哲理的表述："诗书继世长。"象征着文化传统的诗书，蕴藏着人类知识的文献，以及收藏和传承它们的图书馆，永远不可或缺，不可替代。这一表述和卡尔·波普尔的理论是相通的，亦即中国古语所说的"克昌厥后，斯文在兹"。

卡尔·波普尔

我们今天所说的图书馆藏书，既包括传统的纸质文献，也包括新媒体文献、数字文献，它们都是文化遗产、文明成果，都是需要图书馆收藏、传播、保存和传承。如何看待纸质文献和数字文献的发展及两者的关系，我们在下一章再详细介绍。

与其他形式的文献收藏不同，图书馆藏书的特点是其系统性和长期积累。用专业术语表述，就是建立起完备的文献资源保障体系，为当代提供有保障的、系统的文献服务，也为后世留一份完整的、全面的文化遗产。目前还没有任何其他社会机构在这一点上可以取代图书馆。

曾有不少人问过我图书馆和书店有什么不同。这个问题在我曾经供职多年的高校图书馆来说可能是不存在的，但在公共图

知识之门——美国加州Cerritos Library(喜瑞都图书馆)少儿部大门

书馆界，对许多公共图书馆的读者来说，却是确确实实存在的疑问。在某些人(也包括一些主管官员)眼中，公共图书馆只是茶余饭后的文化休闲场所之一，同书店、影剧院、文化馆、公园广场等，没有什么大的差别。许多城市的图书馆与书店往往建在一起，就是例证。某地一位主管领导甚至推广其“先进经验”：书店与图书馆“联营”，书店给图书馆发奖金，图书馆则把书店卖不出去的垃圾书刊统统买下，于是各得其所，皆大欢喜。

图书馆有着比文化休闲更重要的社会功能，即为社会的发展提供全面、完备、系统的文献资源保障，并承担文明传承使命。这样的功能和使命，书店能否完成呢？不能。书店只能提供当年及近年的新书，甚至只是有销路的新书，不会系统地按照学科、专题来收集和积累文献，也不会提供卖不出去的书刊。同样一本书，在书店只是商品，到了图书馆就成了馆藏，而馆藏则是人类文化遗产的范畴，亦即波普尔大师所说的“世界三”。馆藏的使命是“为往圣续绝学”，为当代献服务，为后世传文明。永远都不能将馆藏作为“红包”派发。

那么，凭借个人的收藏能否建立起这样的文献保障体系呢？应该承认，历朝历代的私家藏书曾经起到非常积极的历史作用，为文化传承、文献保存和文献研究做出过重大的贡献，许多重要的学术成果也是以此为依托完成的。但毕竟时代不同了。现在有些朋友热衷于“名山事业”，多年来收藏书刊，乐此不疲，我往往坦率地告诉他们：“雅好”可以，但不大可能凭此解决重大课题，藏书家的时代已经过去了。远在两千多年前的古代社会，对文献数量最夸张的形容不过是“学富五车”“汗牛充栋”。即使当时的文献总量如此有限，孔子还要“问礼”于“周藏室”（周王朝的国家图书馆），亚里士多德还要借助“学园图书馆”。可以说，面对今天的出版量和社会信息量，凭借个人的力量已经不可能建立起完备、系统的文献收藏，只能依靠社会化的分工，也就是依靠图书馆及其他社会文献机构。这就如同生病了要找医生，要上医院，要寻求专业帮助，而靠个人买些感冒胶囊之类的只能对付一些头疼脑热的小毛病。

就提供文献保障、传承文献遗产的功能而言，目前还没有其他社会机构可以取代图书馆。遗憾的是，许多图书馆的这一功能

孔子问礼于老子

却往往被漠视了。因为被漠视的恰恰是图书馆之所以成为图书馆的最根本的东西，是图书馆之外其他机构无法替代的社会作用，故曰“舍本”。而“舍本”的后果是严重的，如今一些公共图书馆生存和发展都成了问题，其根源就在于此。道理很简单，倘若公共图书馆只是着眼于提供茶余饭后的“文化生活”，自视为休闲场所，那么社会也会如此看待公共图书馆。这样的结果就是逐渐“边缘化”，游离于主流社会的发展之外，有你也行，没你也行，活着也行，死了也行，最好的待遇也只能是“后天下之乐而乐”，享受古来圣贤的境界了。

深圳图书馆是怎样炼成的

深圳图书馆（以下简称“深图”）是在深圳经济特区建立后兴建的“八大文化设施”之一，建成于1986年。植根特区的沃土，凭借改革开放的东风，深图自问世以来一直走在时代前列，国内一流，国际先进，是深受广大市民欢迎的读书场所，是全国业界的排头兵，也是举世闻名的大型现代化综合性公共图书馆。

深图的优势和贡献是全方位、多方面的。限于篇幅，这里仅论及两个最突出的成就：探索并践行公共图书馆的精神理念；引领现代化技术潮流。

如前文所述，公共图书馆的基本精神和核心价值在我国图书馆长期缺位，弊端丛生。深图作为中国的公共图书馆，其服务理念的形成和发展离不开国内公共图书馆整体发展的历史环境，也无例外地经历了这一历史发展过程。种种问题和弊端，深图都曾经不同程度地存在，有的情况还十分严重。

深图自建馆以来一直将开放作为旗帜，多年来走在全国前列。但当时所标榜的开放，主要是指开架服务，如全部文献均实现了开架，不设闭架书库，这些做法在那个年代是开风气之先的。然而当时办理借书证只限于户籍人口，而在深圳人口中居于大多数的非户籍外来建设者是不在此列的。有些阅览室（如港澳

深圳图书馆

台阅览室）要限定一定级别的读者。显然，这些做法与我们今天所说的开放、平等还有着很大的差距。

为了纠偏，我们适时地采取了一系列措施，主要有免证进馆、不分户籍敞开办理借书证、向所有人开放所有阅览室等。为了让市民了解我们的方针，我曾多次对媒体称："深图向所有读者敞开大门，免费提供服务。无论你的身份、地位如何，有没有工作、户口、住房，衣着是否鲜亮，囊中是否羞涩，既然来到图书馆，就是渴求知识，拥抱文明，都会受到一视同仁的热情接待。"但要全面贯彻这一方针还是遇到不少阻力的。如，当时严格执行非户籍人口办理暂住证和边防证的制度，否则一律按照"三无人员"收容并遣送回原籍，图书馆免证进馆的做法明显与这一规定不符，因而受到了有关部门的非难。再如，全面免证开放使不少小偷、流氓及精神病患者也到图书馆来，加大了安保和管理的难度。但无论如何，我们还是克服困难坚持了下来，殊属不易。

办理借书证

最困难的还是纠正"有偿服务"的弊端。由于多年来实行"以文养文"的政策导向，形成了"十亿人民九亿商"的局面，机关和事业单位"创收"成为一时风气。在当时的深图，服务收费也是"创收"的重要内容。各服务部门收费多少是按比例提成的，多挣多得，于是部主任们都各显神通赚钱，为职工发奖金成了他们的头等大事。这件事直接关系职工利益，且积重难返，改正谈何容易，任你有天大的"理念"，在现实中也寸步难行。

但我们没有采取怨天尤人、无所作为、听之任之的消极态度，而是抓住时机、适度推行、逐步改进。首先，对有偿服务项目进行了整顿，杜绝未经批准的乱收费行为，由于创收不足造成奖金减少的部门由馆里补贴。2005年初，全市事业单位实行奖金改革，由市财政发放统一标准的岗位津贴。借此良机，我们基本取消了所有的有偿服务项目。对部分需要保留的收费项目，严格实行“收支两条线”，全部上缴财政，不再和职工的奖金、福利挂钩。对此，有人惋惜“损失”，但我们认为，这样做才算走上正轨。

2006年7月，深图新馆落成开放。我们充分利用这一大好时机，努力将多年来我们对公共图书馆的理解和探索融入新图书馆之中，全力打造一个“真正的公共图书馆”。在业界，我们举起了“天下之公器”的旗帜，从理论上澄清有关公共图书馆的诸多问题，探索公共图书馆的精神实质。在对外宣传上，我们提出了“开放、平等、免费”的口号。如前所述，这是借用160多年前英国曼彻斯特公共图书馆的传统提法，本属陈年旧事，但却在21世纪的深图新馆中焕发出新的活力，乃至有许多人认定是我们的“创新”。一时间，“开放、平等、免费”成为业界内外的热议焦点。

其中公众最关心的热点还是免费服务，为此我们还有一个更生动形象的提法：到深图不用带钱包。一时媒体争相报道，市民街谈巷议，公关工作很是成功。我们不是在“忽悠”群众，而是实实在在地实行了彻底、全面、真正的免费服务，就连一般准许收费的，如读者证工本费、读者年审费、上网费等也都免掉了。读者涉及的费用实际上只有两项：一项是象征性收取外借押金，中文文献外借5册押金100元，外文的则为200元，因为我们的社会还没有建立起完善的诚信制度；另一项是逾期滞纳金及书刊损坏赔偿金，因为我们还要维护全体读者利益，为国家财产负责任。

深图的办馆理念和实践在全社会产生了积极而深远的影响。无论是有关领导、业界专家，还是媒体、市民，都对此给予了积极的评价，甚至一时蔚成风气。此后不久，深圳的各大文化场所都陆续免费对公众开放，全国有多家省市级公共图书馆也相继宣布实行免费服务或减少服务收费，就是那些不肯转向的图书馆也不敢那么理直气壮、无所顾忌了。这些都与深图的表率作用有关，应该说是我们开的好头，在社会公益服务上捅破了窗户纸，揭开了遮羞布。正如前文所说，深图是国内探索和实践公共图书馆精神以及公益文化服务的先行者，起到了为天下之先的作用

实现公共图书馆的精神理念，离不开技术手段的支撑。深图将“技术立馆”作为重要方针，并且多年来保持在现代技术应用上的优势。

技术立馆的方针，并不是什么人先知先觉、高瞻远瞩提出来的，而是由历史的缺憾造成的，或者说是一种不得已的选择。深

深圳图书馆夜景

图于1986年建馆，至今只有20多年的历史，属于新建馆、后起馆、后来者。与国内许多业已建馆100多年的大馆、老馆相比，它失去了许多历史机遇，显得先天不足。譬如，没有可称为“镇馆之宝”的珍稀馆藏，没有多少独特的资源，也缺少深厚的业务传统。后来者如何居上，怎样才能跻身大馆、强馆的行列，就成了摆在我们面前的重要课题。我们要把历史的缺憾变成历史的机遇，变弱势为强势，决不能甘为二三流的图书馆。这样，深图就走上了技术立馆、技术强馆之路，亦即现代化图书馆之路。

现代化图书馆是个说不完、道不尽的话题。为方便起见，这里仅简略介绍几个带有历史标志性的重大项目：图书馆自动化集成系统（ILAS）、联合采编协作网（CRLNet）、无线射频识别（RFID），以及下节将着重介绍的城市街区24小时自助图书馆（SSL）。

图书馆自动化集成系统（ILAS）

图书馆自动化集成系统，即Integrated Library Automation System，简称ILAS。ILAS是1988年文化部下达的重点科研项目，由深图负责开发研制。20多年来，ILAS从1.0到5.0，又相继发展了ILAS-2、d-ILAS（ILAS-3），以及公共版、大学版、企业版、小型版、Big 5版、Unicode版，以及相关的LACC（集中采编）、UACN（联合采编），已经成为适合各种需要的图书馆自动化系列产品。许多当年开发、研制和推广ILAS的老员工都记得当年筚路蓝缕、艰苦奋斗的难忘往事，这是深图历史上浓墨重彩的一页。

深圳图书馆内景

ILAS是中国图书馆自动化的里程碑。可以说，没有ILAS，就没有中国图书馆自动化、数字化的今天。正是ILAS，给国内成百上千的图书馆带来了自动化、数字化的观念和技术，使它们由此走上了现代化的道路。这里仅举一个非技术的例子。最初，ILAS的售价只有人民币5000元左右，而同时期美国INNOPAC系统的价格是50万美元，每年还要花2万美元的维护费。这个价格是当时国内任何一家图书馆都无法承受的，只是到20世纪之后，才陆续有经济发达地区的公共图书馆和部分著名大学图书馆具备了这样的经济能力。仅仅在这个意义上，ILAS就将中国图书馆自动化事业推进了至少10到15年。

ILAS是国产图书馆自动化软件的骄傲，创建了多个“最”和第一。它是国内首个独立开发、具有自主知识产权的图书馆自动化系统。ILAS的用户有3000家左右，这个数字也是世界之最，超过国内外同类的图书馆自动化系统。ILAS问世以来，共获得国家级和省部级的大奖计11项，这在全国图书馆界，乃至整个文化系统也位居第一，其中包括国家科学技术进步三等奖、国家科学技术进步（推广类）三等奖、联合国TIPS系统颁发的科技之星奖等含金量很高的重要奖项，因此有人戏称ILAS是“获奖专业户”。

最值得称道的，还不是ILAS的技术成果和所获的诸多奖项，而是它成功的产品化进程。在ILAS问世的同时，国内也有过类似的研制开发。我当时供职的北京大学，就至少研制过三个图书馆软件，其中两个属于学校正式下达的任务，我作为课题组成员自始至终参加了这两个项目。课题组是学校从计算机系、计算机所和图书馆当中选派尖子人才，技术力量绝不比ILAS的差，研制的成果也具备相当高的水平。但成果问世后，大家只热衷于报奖项、分奖金、评职称，而将软件束之高阁，以致无人问津，就是在北大图书馆也没有正式应用。而ILAS则迅速完成了产品化的进程，并及时推向了全国，乃至海外。所以说ILAS的成功在很大程度上是产品化的成功，而且靠产业化推动自身的不断发展，这无疑受惠于深圳经济特区特有的观念、制度和政策。

联合采编协作网（CRLNet）

联合采编协作网的正式名称为“地方版文献联合采编协

作网”，英文名称为China Regional Libraries Network，简称CRLNet。从实际运作上看，英文名称更合乎其实质，因为我们的着眼点始终是让各地方图书馆在书目数据上整体合作，而不是局限于什么“地方版文献”。

CRLNet的创建者是深圳图书馆、湖南图书馆、福建省图书馆、上海图书馆、天津图书馆、辽宁省图书馆等六家图书馆。实际上深图是真正的首创者、组织者和执行者，也是全国的书目数据中心和数据质量控制中心，这个“老大”地位深图是当仁不让的。

事情的起因在于业界面临的共同难题。大家知道，图书馆的核心业务之一就是图书编目，而编目的结果，过去是卡片式目录，计算机化之后是机读目录（MARC）。各个图书馆都在为完成编目

电子书目查询

任务而疲于奔命，却无法有效利用他人的成果，也无法将自家的数据与他人共享，导致书目数据难以互相利用，全国的图书馆实际上都在下大气力重复同样的工作。

这个道理简单而明了，却由于行政体制等原因，就是无法有效实施。其时国际上已经有了行之有效的联合编目模式，亦即美国OCLC模式，可资借鉴，为我所用。于是在深图的倡议下，上述六家图书馆一拍即合，于2000年在深圳开会，签订了协议，当年12月CRLNet正式开通。如今，CRLNet已发展了香港、广西、浙江、广州、北京、吉林、黑龙江等地的多家单位成员馆，形成了一个超过200万条记录的网上书目数据库。据统计，其数据覆盖率回溯数据可达90%，新出版图书可达70%。

现在看来，CRLNet已经完成和超额完成当年预期的目标。首先，它按照国际先进的理念和通行的模式，突破了多年的瓶颈，建立起平等协作、互利互惠、实时上载下载、由执证编目员控制质量的一整套制度和技术保障，形成了美国OCLC之外最大的中文编目网和中文书目数据库，而且在全国速度最快、效率最高。其次，从实际功效上看，它解决了成员馆的编目难题，实现了书目资源的共建共享。仅以深图为例，编目数据中有90%是由CRLNet提供的。要知道，与2000年CRLNet建立时相比，深图的购书经费增长了5倍多，可以说，如果没有CRLNet的支撑，就无法完成如此骤增的工作任务。

正是由于这些原因，CRLNet在2005年荣获了文化部首届“文化创新奖”的殊荣，这也是该年度唯一获奖的图书馆项目。

CRLNet与ILAS不同，它只是图书馆的一个内部工作系统，旨在完成图书馆的书目数据编制任务，不大可能有突出、轰动的社会效应。将这项文化系统中的最高荣誉授予CRLNet，说明社会各界对这项成果的高度认可与充分肯定。

无线射频识别（RFID）

无线射频识别，即Radio Frequency Identification，简称RFID，亦称电子标签。从技术上讲，RFID是一种非接触式的自动识别技术。大家知道，原来图书文献是凭借条码扫描进行电脑识别的，采用RFID技术就是要转换成新的标识系统。近年来，RFID在物流等多个领域得到了较多使用，有着广阔的应用前景和良好的发展势头，但在图书馆领域应用的时间并不算长，深图是国内首家大规模全面应用RFID技术的大型综合性图书馆。可以说，RFID在国内图书馆的应用历史是从深图开始的。

正因为是首家，就难以避免有首家的烦恼。在2002年前后，深图新馆应用RFID的问题就被列入日程，但决策却颇费踌躇。因为当时在图书馆使用RFID还属于非主流，不光国内尚无先例，在国外也不多，且大多为中小型图书馆，诸多的大馆、名馆都没有使用。而我们的管理者及业务、技术骨干对此也不熟悉，基本上是从头学起的。一旦决策失误，使用失当，不仅2000万元的设备预算打了水漂，全馆的业务管理和馆藏体系也会打乱，后果不堪设想。经过多次考察、论证，最后我们下决心上马，并在2006年7月深图新馆试开馆时全面启用。事实证明，RFID在深图的应用取得了巨大成功，我们当初的决策是正确的，也是具有远见的。然而时至今日，当年决策前后那种忐忑不安的心情，依然记忆犹新。

RFID技术在深图的成功，主要表现为三个方面:

首先，开创了RFID技术向图书馆应用专业化转变的新局面。RFID本不是为图书馆度身定做的，它需要一个适应图书馆“水土”的过程。这点很像当年IT走进图书馆，开创了图书馆自动化、数字化的新领域。深图创造性地应用RFID技术并促进了这种转变，同时也利用RFID实现了许多业务上的创新，其中很多都是独创的，绝不仅仅是条码的替代品。

其次，开发了“文献智能管理系统”。这一系统的研制与应用，使全馆上百万册以开架方式为主的传统文献得到了高效的管理和应用，使原来条码识别管理无法解决的难题，如文献定位导航、减少错架乱架、实现精确典藏等，都得以圆满实现。其中不乏我们的首创，如排架方式的革新、研制了智能书车等。这就实现了当年我们应用RFID的初衷:不仅仅将其视为条码的代用品，不是为应用而应用，而是将其作为契机和手段，创造性地打造智能化的环境，让全社会受益，让读者受益，让全馆业务工作和管理工作受益，为今后发展奠定基础。

第三，开创了以自助服务为主的服务模式。这是我们对外服务中最为明显的一种嬗变，乃至形成了深图的服务特色。自深图新馆开放以来，以RFID技术为依托的自助服务模式和各种自助服务设施受到了读者的热烈欢迎。深图新馆开馆后，外借量骤增，日均约1.2万册，周末高峰时曾达3万册，如此巨量的工作有95%是由自助外借设备完成的，而几乎所有的还书量都是通过自助方式完成的，还有自助还书设备在图书馆门外24小时工作。可以想象，如果没有自助借还模式和自助服务设施，每日上万读者在服务台前排队借还书，会是怎样的局面。

RFID技术在深图的创造性应用还产生了又一个更为重要的成果，就是城市街区24小时自助图书馆系统（SSL）。

自助图书馆的故事

深图研制开发自助图书馆的工作始于2006年年底。自助图书馆全称是“城市街区24小时自助图书馆系统”，这本是文化部立项课题的名称，后来也就这样沿用了。许多同行和媒体喜欢将之称为“图书馆ATM”，我曾多次表示反对，因为ATM的意思是Automated Teller Machine（自动柜员机），听起来像是冷冰冰的机器（Machine），这不是我们的原意和追求。我们的理念，是建立人性化的、有人情味的、具备图书馆各种功能的、活色生香

自助图书馆

的图书馆。我们为之拟定的英文名称是Urban Neighborhood: A Self Service Library(都市街邻:自助图书馆),简称SSL,并自以为还是达意的,体现了我们研制自助图书馆的初衷。

什么是城市街区24小时自助图书馆系统?我们可以做如下简单的描述:它以人文关怀为主导,以服务创新为目标,集成了RFID技术、图书传输自动控制技术、图书分拣自动控制技术、数据通信和数据处理技术,以及相关的安全技术和生产工艺于一身,是人性化、数字化、智能化与传统图书馆的完美结合。该系统实行不间断工作,使全市读者均可享受到24小时的图书馆服务。

具体讲,自助图书馆主要由自助服务机、图书馆服务与监控中心系统和物流管理系统三部分构成,其核心设备是自助服务机。

自助服务机几乎具备了图书馆全部的服务功能:

——申办新证。读者可通过第二代身份证进行自动识别,存入借书押金后,即可办理图书馆读者外借证,不需外借的则不必存入押金。全部过程不到10秒钟。

——自助借书。持证读者可以凭证借取自助服务机书架上的所有图书,如同在图书馆内借书一样。

——自助还书。读者在图书馆借的书,或在自助服务机借的书,均可以归还到任何一台自助服务机。所还图书实行自动分拣,分类送达。

——预约服务。包括提出预借请求和按照预约通知取书,可以预借目录中的馆藏文献,并在规定时间在全市任何一台读者指定的服务机中取书。通过这一途径,读者可以不受服务机藏书数

在自助图书馆借书

量的限制，而直接利用深图的藏书和全市各图书馆的馆藏。这样就解决了自助机存书数量较少带来的种种不足。

——查询服务。包括本机和全市各服务机的目录查询、深图馆藏目录查询和读者信息查询（包括读者基本信息、外借情况、欠款、预借文献等），以及作为终端直接读取馆藏数据库。

图书馆服务与监控中心系统支撑自助机的后台运作，可实时跟踪每台自助机的运行状态，当出现图书和读者证不足、还书箱和钱箱已满、自助机故障或遭到破坏等情况时，都会做出反应，自动通知物流管理人员及时解决。物流管理系统承担自助图书馆的图书配送和日常管理工作，由中标的物流公司配备专门的流动书车来实现文献的适时配送。

自助图书馆的问世，首先得益于深图长期以来坚持的技术领先方针。深图自从建馆以来，就坚持走技术立馆、技术强馆的路线，逐渐形成了自己的强项和优势，并逐渐形成一支过硬的技术团队，其中不乏卓越人才，其特点是对各种新技术敏感，又充满热情。

从技术上讲，深圳自助图书馆的直接技术起源是无线射频识别（RFID）技术的应用。RFID历经波折在深图上马后，效果出乎意料的好，这第一只“螃蟹”滋味不错。新馆开馆后，各种基于RFID技术的自助设备大显神通。随着RFID在深图的应用逐渐得到业界的认可，国内和港澳图书馆因之效法的也多了起来。我们大受鼓舞，意犹未尽，由此萌生了研制自助图书馆的创意。所以说，RFID是自助图书馆问世的技术前提和技术基础，也是自助图书馆存在和发展的科技环境。

比技术问题更重要的，是树立人文关怀的理念。如前所述，我们理想中的自助图书馆绝不是“机器”，而更像是一位活生生的馆员，慈眉善目，憨态可掬，热情周到，全知全能，除了借书还书，还可以办证、咨询、检索、收取押金、办理预借业务、查检各种数据库；同时，还要体现出现代化图书馆的特征，用先进技术服务市民，通过一台自助机，即可利用深图几百万的资源，乃至全市图书馆的几千万资源。这些目标后来都通过各种技术手段实现了。

自助图书馆从来就不是简单的技术产物。在自助图书馆研制初期，我曾写过一篇文章，题目是《大道之行，有器之用》①，借用的是《易经》和《道德经》里面的两句话，试图阐明公共图书馆的人文精神是为"道"，现代科技是为"器"，自助图书馆是"道行器用"的结果。从根本上说，自助图书馆不是为技术而技术、为创新而创新，不是要"显摆"、"得瑟"什么，而是在尽公共图书馆应尽的社会职责，做公共图书馆分内应该做的基本服务，进而彰显公共图书馆人文价值。

深圳图书馆研制开发自助图书馆的进程大致如下：

2006年年底，研制工作启动；

2007年3月，列入《深圳市建设"图书馆之城"（2006—2010）五年规划》；

2007年6月，列为文化部科研项目和深圳市重点文化建设项目，正式定名为"城市街区24小时自助图书馆系统"；

2007年12月，选定深圳市海恒智能技术有限公司为项目合作伙伴；

2008年4月，首台自助图书馆服务机问世，并通过文化部组织的专家验收；

2008年年底，首批10台服务机投入运行；

2009年4月，40台服务机投入运行；

2009年10月，获第三届"中国文化创新奖"，并被列入"国家文化创新工程"；

2009年12月，文化部在深圳召开了宣传推介自助图书馆的全

① 吴晞. 大道之行，有器之用[J]. 图书馆论坛，2008（6）.

国会议；

2010年，获文化部第十五届“群星奖”。

现在，深圳已投放运营自助图书馆200台，计划“十二五”期间再增加200台，届时将达到400台。在深圳之外的其他城市及海外，据保守估计，已投放运行的自助图书馆应不少于200台，分布地区至少有北京、上海、广州、沈阳、鄂尔多斯、西安、郑州、马鞍山、杭州、贵阳、厦门、福州、昆明、台州、三亚和港澳台地区，以及英国、法国、韩国。

这个过程看起来好像一帆风顺，实际上绝非如此。在研制过程中，各种艰难困苦一言难尽，有技术上的，更多是公关上的。我们是2006年年底着手研制的，思路已经完备，急需制作一台样机，大约需要20万元的资金，却无从解决。外人可能不理解我们的财务预算制度和国库支付制度，即打油的钱不能买醋，这笔钱必须要获得专项批准才能使用。要说服有关领导给予支持，不能光凭概念，还需要有样机演示；而要有样机，则先要说服有关领导批准制作样机的经费，于是绕在这鸡与蛋的套套中难以自拔。无奈之下，只得通过招标找到一家企业合作，幸好这家企业有眼光，毫不犹豫就投资了。这样的结果是，样机很快就做出来了，但研制时间却拖后了近一年，知识产权也成了双方共有的。直到现在，还有人说我们搞自助图书馆是钱多了“烧”的，实乃无知加偏见，要知道这区区20万元，若不是我们另辟蹊径，就险些葬送了整个项目。

不出我们所料，样机面世后，形势即开始改观，市民喝彩，媒体和社会各界也高度关注。业界的专家们首先给予了充分的肯定，程焕文教授将之誉为传统图书馆和数字图书馆相结合的“第三代图书馆”，是世界首例的创新成果，这个意见后来写入了专家鉴定书。有关领导也开始关注，文化部首先表示支持，2007年正式将自助图书馆列为文化部科研项目。2008年，深圳市领导特批试运行10台，2009年又批准了首批40台，遂使自助图书馆步入了发展的正轨。

2009年，中央领导同志考察深圳文化建设，参观了自助图书馆后赞不绝口，给予高度评价，立即指示大力宣传推广。2011年，胡锦涛总书记视察了深圳自助图书馆，给予了充分肯定和赞扬。自助图书馆逐渐声名鹊起，被立为深圳市重点文化建设项目。文化部在深圳召开了宣传推介自助图书馆的全国会议，全国各地的参观考察者络绎不绝。2009年10月，该项目获第三届“中国文化创新奖”，并被列入“国家文化创新工程”，2010年获文化部第十五届“群星奖”。

除了赞扬和奖励，自助图书馆也遭受到不少质疑。那些歪曲、无知和盲目的意见就不说了，但是有几个具有代表性的误解或曲解，还是应该予以澄清的。

第一，自助图书馆与基层社区图书馆的关系。用自助图书馆取代社区图书馆是不合理的，这是一个较多见的说法。

不知道为什么有人一定要将两者对立起来。自助图书馆是公共图书馆事业发展的一部分，从不意味着自助图书馆可以取代实体的图书馆。我们历来主张自助图书馆与深圳市原定的“图书馆

自助图书馆进社区

之城”建设规划并行，优势互补，而不是谁取代谁。一些人热衷于比较分析分馆建设和自助图书馆的优劣，似乎有了自助图书馆后，传统的阅览室就会消亡了，此乃伪命题，与深圳模式无关。现在深圳市通过评估合格的分馆和社区图书馆已达630余家，是全国基层图书馆事业最发达的城市之一，从来就不曾有过用自助图书馆取而代之的任何动议。自助图书馆和社区图书馆是相辅相成的，而不是非此即彼，更不是你死我活。不能因为社区图书馆好就认定自助图书馆不好，反之也一样。

自助图书馆自有其短板，如现在普遍强调的公共图书馆作为城市“第三空间”的作用，就是自助图书馆所不具备的。自助图书馆如何与深圳“图书馆之城”建设、与基层图书馆及全市图书馆事业发展有机地结合起来，是我们面临的课题。有人曾建议，今后基层图书馆文献以报刊为主，图书借阅由自助图书馆完成。类似的方法是不妨一试的。不过，即使实行，也是分工，不是取代，大可不必为此而杞人忧天。

第二，自助图书馆与数字图书馆的关系。建设自助图书馆不符合数字图书馆的发展方向，这是另一具有代表性的意见。

数字图书馆和传统图书馆、数字资源与纸质文献的关系，是另外一个大题目，这里且不说它。毫无疑问，图书馆必将要走向数字化，但无法忽视的是，目前的图书馆，尤其是公共图书馆，最主要的服务内容之一，还离不开传统的“借借还还”。不妨看一看各个图书馆的统计数据，馆藏传统纸质文献的借阅量远远大于数字资源的使用量，这是普遍的现象。作为图书馆人，总不能无视读者，尤其是底层普通民众的真实需求，更不能以数字化为借口把他们拒之门外吧。

不仅如此，还要看到，自助图书馆既是利用高科技手段来完成传统图书馆服务的工具，其本身又是各种高科技，也包括数字图书馆技术的集合体。自助图书馆所要做的就是用高科技手段提升传统服务水平，这也是在引领普通民众由此迈进信息化世界，走向现代化。

第三，自助图书馆是节约型图书馆的建设模式。自助图书馆费用昂贵，超乎现有国情，引起许多人的质疑和忧虑。

建自助图书馆自然是要花钱的。曾有一位西部地区的主管领导来深图考察，得知自助图书馆的价格后说：我们那里的图书馆全年经费也不够买一台自助服务机。我的回答是：这说明你们目前还与自助图书馆无缘。对于相当多的地区财政来说，自助图书馆确实过于昂贵，购买安装贵，维护费用贵，是千真万确的事实。

但是，如果指责自助图书馆“烧钱”，却是知其然而不知其所以然。图书馆本身就是要花钱的（或者说是“烧钱”也无妨），各级财政加大对图书馆等文化事业的投入是再正当不过的事情。对于类似深圳这样具备财力、物力条件，又明确规划要大力发展图书馆事业的城市来说，自助图书馆肯定是一种节约型的建设模式。

其一，节约资金。建设一个图书馆，仅馆舍就是一大笔开支，无论是建，是买，还是租，其费用都要远远高于自助图书馆。何况还要有家具、设备、水电、网络等多种开支。

其二，节约土地。每台服务机占地大约7平方米，实际需要10平方米左右，其所占用的土地资源远远低于任何类型的图书馆，且多为边角闲置之处，无需规划审批。对于类似深圳这样寸土寸金的大城市来说，这点尤为重要。

其三，节约编制。自助图书馆是无人值守的，24小时自助服务，物流采用外包，无需增加太多的人员编制。对于多数图书馆来说，人力的节约往往是第一位的，“要人”比“要钱”更难，是业界人所共知的。

其四，实现可持续发展。许多地方的基层图书馆开办难，维持运作更难。自助图书馆由深图运作，不会出现这样的问题，也就避免了许多对人力、物力的浪费。

展望深圳街头，现有200台自助图书馆在深圳城乡运行，逶逶而有仪，已经成为一道亮丽的城市文化风景线。曾有一位女市民动情地对我们的工作人员说，自己在深圳发展不顺利，正在考虑回老家，但使用了自助图书馆这样的便民服务设施，这是其他地方没有的，就改变主意不走了，留下做一个深圳市民。自助图书馆项目问世后得到过多次领导表彰和各种奖项，但这位女市民的夸赞却更令我们感到荣耀，从中切实感受到我们做了图书馆人应该做的事情，尽了我们的社会责任，体现了图书馆的社会价值。

第二章

天下万世共读之

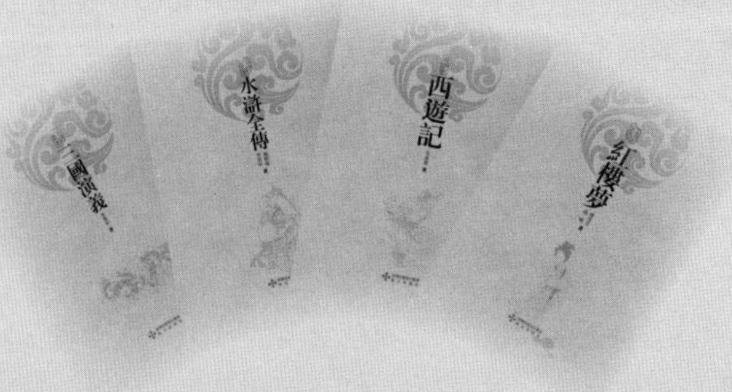

大阅读时代与图书馆

当今是阅读的时代。随着时代的发展，社会的进步，以及各种新技术在阅读领域的应用，阅读的概念越来越宽泛，阅读的内涵和外延日益扩大，阅读无处不在，无时不在。因此，我们可以称之为大阅读的时代。

阅读在当今的社会中有着广泛深远的影响。全国政协副秘书长、著名阅读倡导人朱永新先生曾经这样概括阅读的社会作用：一个人的精神发育史就是阅读史；一个民族的精神境界取决于阅读水平；一个没有阅读的学校不可能有真正的教育；一个书香充盈的城市才能成为美丽的精神家园；共读、共写、共同生活才能拥有共同语言、共同价值、共同愿景。[①]

这是名家描绘的理想的社会阅读愿景。那么现实的社会阅读状况又如何呢？

我曾经这样形容当下的社会阅读：“最好的时代，最坏的时代。”这是英国大文豪、大作家狄更斯的名言。在《双城记》里，狄更斯这样写道：“这是最好的时代，也是最坏的时代；这是智慧的年代，也是愚蠢的年代；这是信仰的时期，也是怀疑的时期；这是光明的季节，也是黑暗的季节；这是希望之春，也是绝望之

① 朱永新. 我的阅读观[M]. 北京：中国人民大学出版社，2012.

清华大学图书馆

冬；我们可能拥有一切，也可能一无所有；我们正走向天堂，也正走下地狱……”狄更斯所处的维多利亚时代，正是这样一个社会急剧发展、各种矛盾突出爆发的时代，与我们今天的社会颇有几分相似。

这句名言也适用于今天的阅读，尤其是图书馆阅读。

为什么说是最好的时代？我们可以套用一句陈言：国内外形势一片大好。

从国际上看，建立阅读社会是世界性的潮流。联合国教科文组织在1995年设立了“世界阅读日”（即4月23日“世界图书与版权日”），当今已成为世界性节日。尤其是在图书馆界，现在国内外图书馆都把“4·23”世界阅读日当作重大节庆。国际图联（IFLA）等国际组织的相关宣言、文件（如《突尼斯宣言》），都把阅读放到重要和突出的位置。

湖海读书图（齐白石）

世界各国政府也出台了推动阅读的法规。例如：美国的“从出生就阅读”（Born to Read）；新加坡的“天生读书种，读书天伦乐”（Born to Read, Read to Bond），“思考型学校，学习型国家”（Thinking Schools, Learning Nation）；英国的“阅读起步”（Book Start）等，都对阅读做出了很高的期许。

从国内看，全民阅读已经蔚成风气。党的十八大明确提出“开展全民阅读活动”。习近平总书记多次倡导“领导干部要爱读书，读好书，善读书，推动学习型政党、学习型社会建设”。李克强总理在2014年十二届全国人大第二次会议的政府工作报告中提出“倡导全民阅读”。《全民阅读促进条例》已经列入立法日程。各地以政府为主导的读书节庆活动精彩纷呈，据不完全统计，全国已经有400多个城市开展了读书日、读书节、读书周、读书月、读书季的活动。

傅永强书签

再看图书馆界，开展阅读活动已经在国内外图书馆界形成高度共识。《公共图书馆宣言》将开展阅读活动列为图书馆的重要使命，是“公共图书馆服务的核心”。《中国图书馆服务宣言》则说得更明确：图书馆努力促进全民阅读，图书馆为公民终身学习提供保障，促进学习型社会的建设。

我们说“阅读的最好时代”，更重要的表现是：各种新技术大量涌现，并在阅读中迅速得到应用，极大地扩大了阅读的领域，使资源极大丰富，获取极大方便，检索、利用手段日新月异。这一趋势发展迅速，势不可当，给阅读，乃至整个社会带来深刻变化。这是我们的前辈不曾遇到的大好形势和发展机遇。

然而现在也是阅读“最坏的时代”。

危机是多方面的，诸如社会阅读风气萎靡、低落，乃至消失；娱乐至死，“不娱乐毋宁死”；信息攫取“碎片化”，缺少系统的阅读学习；以治学为主的知识分子，急功近利，读书浅尝辄止，热衷于制造学术垃圾。为此，有人提出了“伪阅读”的概念，意谓许多人不是真的在读书，而是假读书，尤其是对一些大部头、古文书、外文书，不愿意下工夫，只是想走捷径，或是看一些零星的二手资料。

因此，现在既是“大阅读”时代，又是“伪阅读”时代。

更深刻的危机来自各种新技术及其在阅读领域的普遍应用。新技术是一把最好的和最坏的双刃剑。

这种危机不是现在才开始的。早在20世纪七八十年代，美国著名的图书馆学家兰卡斯特（F. W. Lancaster）就提出了一个“无纸社会”（paperless society）的著名预言：“我们正在迅速地、不可避免地走向无纸社会”[①]，“图书馆主要是处理机读文献资源，读者几乎没有必要再去图书馆”，“再过20年，现在的图书馆可能完全消失”[②]。这位令人尊敬的学者近日刚刚去世，受到世界同行的追念和缅怀。记得曾有一位崇拜者当面询问兰卡斯特，为什么他的“无纸社会”预言没有如期实现，这位大牌教授的回答是：我的预言本没有错，是这个社会发展错了。——典型的美国式幽默。

兰卡斯特

尽管兰卡斯特的预言没有如期兑现，但新技术给图书馆以及社会阅读带来的冲击是确实存在的，而且日渐明显。因为新技术的冲击，读者阅读习惯的改变，社会信息渠道的日益多样化，读者对图书馆依赖程度的降低，甚至流失，致使图书馆面临消亡的危机。

---

① 兰卡斯特. 情报检索系统[M]. 北京：书目文献出版社，1984.

② 兰卡斯特. 电子时代的图书馆和图书馆员[M]. 北京：北京科技出版社，1985.

然而，无论阅读的形势、形态如何变化，图书馆依然是社会阅读的主体。

恰如上文所述，今天的社会阅读是个很大、很宽泛的概念。我们正襟危坐，“红袖添香”，固然是阅读，但在路边买份书报刊翻阅也是阅读，打开手机刷微博、看微信同样是阅读。全民阅读活动并不是图书馆一家的事情。从中央一级的行政系统看，统管全民阅读工作的就有中宣部、文明办、文化部、教育部、新闻出版广电总局、民政部、共青团、总工会、妇联等多个部门。但是我们还是要强调，图书馆要在全民阅读中承担起独有的社会责任，要唱主角，完成他人不可替代的历史使命。

为何要这样强调？阅读虽然多种多样，但是我们还是要提倡深入的、学习型的阅读，通过阅读，全面、系统地掌握知识，而知识就是力量，穷则丰富人生，达则改造社会。即使是大众型、消遣性阅读，也要提倡多读书、会读书、读好书；有计划、有系统地读书，是健康有益的文化生活方式。

要进行深入系统的阅读，完整全面地掌握知识，图书馆是最好的场所，甚至是唯一的场所。只有图书馆，才具有完备的文献资源保障体系，才能为读书人提供全面、系统的文献服务；也只有在图书馆，才能领略到完整的科学知识体系和全部的人类文化遗产，从而站在巨人的肩膀上来看这个世界。所谓“巨人肩膀”，实际上就是前人成果，就是文献，就是图书馆。

当前理论界有人反对“深阅读”和“浅阅读”，或“读好书”的说法，认为图书馆工作者应该保持中立的立场，不干涉读者的阅读自由。此说当然有道理，读书没有高下之分，图书馆不应该排斥消遣性阅读，或是所谓的浅阅读，而要提倡开卷有益，保障大众的阅读权利。但是我们必须清楚，在大众性阅读当中，图书馆同样也是最好的场所。这点和精英阅读、学习型阅读没有什么大的不同。即使是阅读《西游记》，也要读完全本，不能只看电视剧《西游记》或《大话西游》；即使是读武侠小说，也要按照“飞雪连天射白鹿，笑书神侠倚碧鸳”的目录通读一遍，才算得上是初级的“金庸迷”、“武侠迷”。目前还没有任何其他社会机构在阅读的这一功能上可以取代图书馆。

举例讲，如果某一学科或专题的有关文献有100篇，其研究者或学习者至少要掌握其中的80篇，还不能遗漏核心文献，才算得上有起码的了解，才算入门。社会上能够提供这种文献保障的机构只有图书馆。这样的功能和使命，书店无法完成，个人收藏也无力完成，个中的道理前文已经论及。[①]上网浏览固然可以获得大量信息，但未经筛选，垃圾信息充斥，个人往往没有能力甄别和利用。这就体现了图书馆系统收藏的不可替代的作用。

阅读，要到图书馆；阅读，离不开图书馆。

① 见本书第二章第三节。

数字阅读与纸本阅读

相信有人会有疑问，现在已经进入网络化、数字化时代，图书馆是否还是社会阅读的主体？是否还具有不可替代的社会功用？

这种疑惑不足奇。自从各种新技术手段进入阅读领域以来，我们的社会出现了截然不同的两个阅读群体，或者是两种阅读观。一部分人极端地依赖各种新技术来获取信息，出现了“网络控”“手机控”“微博控”“微信控”一族人，他们几乎从不阅读传统纸质文献。这些人以年轻一代的“新新人类”居多，也有部分对新技术较敏感和热衷的中老年人。另有一部分人则极端地抵制新技术，拒绝任何新媒体文献，其中不乏深具影响的大家。这里且举两个例子。

数字时代

一是王蒙先生。2012年在东莞召开的“2012中国图书馆年会”上，王蒙先生在闭幕式上做了题为《现代性文化与阅读》的演讲。这篇演讲的结论性意见是：“读书是不能替代的，不能用上网替代，不能用看VCD替代，不能用看DVD替代，不能用敲键替代，甚至也不能用手机和电子书来替代……正是最普通的纸质的书，它表达了思想，表达了思想的魅力，表达了思想的安宁，表达了思想的专注，表达了思想的一贯。因此图书馆是一个产生思想的地方，是一个交流思想的地方，是一个深化思想的地方。”①

另一位是易中天先生，他的表达更妙趣横生。当谈到数字媒体是否会代替传统出版物的时候，易先生激动地说：“完全替代是不可能的。那种用手触摸精装书籍的美好触感，电子阅读永远无法代替。经典作品还是要靠纸质媒介呈现，就像满汉全席，能用塑料盘子装吗？”②

面对这个最好的时代和最坏的时代，无论是王蒙先生、易中天先生，还是新新人类，阅读传统纸质文献还是新型数字文献都是见仁见智的事情，各取所需即可。但对于图书馆来说就不同了，有许多迫在眉睫的问题要解决，如纸本资源收藏与否、传统文献与数字文献的关系、比例问题，就很现实地摆在图书馆面前，使我们不得不面对，不得不拿出解决的思路、方案。

在这个问题上，国内图书馆界有着截然不同的看法，并出现了一南一北两位“腕儿级”的代表人物。一位是北京国家科学图书馆张晓林馆长。他多年来大力倡导“电子文献先行”（e-first），“网络先行”（i-first），有人说他恨不得将所有纸

① http://www.sun0769.com/subject/2012/2012tsgnh/.

② http://www.chinanews.com/cul/2011/06-05/3091141.shtml.

质文献请出图书馆。另一位是广东中山大学图书馆的程焕文馆长。他的宗旨是“保留一切有价值的纸片”，恪守纸质文献的核心地位。

那么，这两位大腕儿我们到底应该听谁的呢？也就是说，我们图书馆应该如何应对社会阅读的变化和需求呢？正确的主张有两点：一是思想要敏锐，认识要超前；二是行动要保守、谨慎，尤其是涉及采取破坏现有资源和现有服务模式的措施，一定要缓行、慢行、三思而后行。

图书馆应该紧跟社会趋势和技术潮流，但是遇到具体问题，就一定要采取慎重的态度。例如前面所述的选择数字阅读还是纸本阅读，在个人来说是各有所好、见仁见智的事，但对图书馆就不一样了，因为涉及图书馆的馆藏模式和服务方针这样的根本大计，必须要清醒认识和正确对策。至少在目前，图书馆的纸本文献仍然是不可缺少的，仍然要实行数字文献和纸本文献并存的方针。

关于图书馆数字文献和纸本文献的关系，现在有许多理论学说，可以说涉及方方面面。而我们说目前图书馆的纸本文献还不可缺少，要与数字文献并存，主要是基于以下两个很现实的因素，即非学理的因素：

1. 社会纸质文献资源极丰富，还没有被数字文献完全取代。图书馆有“传承文明”的社会责任，要为后人留下完整、全面的文化遗产，因此不能舍弃纸本资源。

2. 读者对纸质文献的需求很大，尤其是公共图书馆，我们不能忽略普通读者，尤其是底层民众对传统文献的现实需求。

电脑阅读

后者涉及图书馆的人文关怀，因此必须强调。且举一个我个人的经历来作为旁例。在20世纪90年代初期，我在北京大学供职，当时北大图书馆宣布取消原有的卡片目录，全部采用机读目录(MARC)。这在全国高校图书馆是首家，我们都很以为荣耀，当时在图书馆界这也是一件重大的事情。不久后我出访美国，得知另外一个故事：美国的一家大学，当时也曾计划取消卡片目录，但是因为有几位教授从不肯使用电脑，图书馆最后决定依然保留卡片目录。两种做法，反映了两种态度，两种考量。且不说其是非对错，毕竟现在图书馆大多已经不再使用卡片目录了，但无疑美国这家大学的做法更具有人文关怀的精神，而不是技术至上主义，不是为技术而技术、为现代化而现代化。这正是我们所缺乏的。

毫无疑问，今后的世界，纸张和纸质文献还会继续存在并发挥作用，不会马上消亡。但是如同枪械出现了弓箭还会存在，电灯出现了蜡烛还会存在，汽车火车出现了马匹还会存在，其地位和意义却是不一样的。毕竟社会已经进入信息化、网络化、数字化的时代，社会阅读也好，图书馆也好，都会发生重大的嬗变。

然而，变中亦有不变，万变不离其宗。在网络化、数字化时代，图书馆独特的、不可替代的社会作用非但没有减弱，反而更加强化了。这是因为图书馆为我们提供了丰富实用的数字资源。与互联网上良莠并存、未经筛选的信息不同，图书馆收藏和提供各种的数据库，如同图书馆的藏书一样，是经过精挑细选和专业化整理揭示的，因此是最重要、最实用、最具价值的信息资源，而且大都是免费提供的。即使你所在的图书馆数据库不够齐备，使用者另有需求，现在图书馆大都可以通过各种图书馆协作关系和资源共享平台，利用其他图书馆的数据资源，这些服务都是无偿提供的。无论是普通读书人，还是读书治学者，图书馆数字资源都是基本资源和首要选择。遗憾的是，现在图书馆的数字资源利用率普遍偏低，许多人，包括一些大学者，不知道、不会用或不善于利用图书馆的数字资源，是常见现象。

电子书阅读

刚才说到的王蒙先生、易中天先生这两位大家的言论，不妥之处就在于此。两位先生的人品才学值得敬重，但他们在现代文献，尤其是图书馆收藏的各种数字资源方面表现出的无知和抵制却不足取。在现代社会，对于治学之人，推而广之到一切利用文献为学的读书人，一定要学会利用数字文献，其中主要是图书馆收藏的各种数字资源。作为一名现代学者，这是必不可少的学术功力。

我曾在各种场合多次表述这样的观点：我们之所以坚信当今已经进入数字阅读的时代，数字阅读会取代传统阅读成为社会阅读的主体（不是全部），最重要的依据，就是今天的图书馆已经初步建立起系统完备的数字资源体系。在目前社会上，还没有其他社会机构拥有这样完备的数字资源、这样系统的数字阅读保障、这样全面无偿的服务。图书馆之所以能够如王蒙先生所说，是产生思想、交流思想、深化思想的地方，不仅仅是因为有传统的纸质藏书，今天还有赖于这些足不出户即可坐拥天下资源的数据库集合。

很难想象当今社会的治学者能够脱离图书馆的数字资源来搞科研、做学问，就是追求全面系统阅读的普通读书人，也不应忽略这一高效便捷、人皆可用的途径。不管阅读习惯如何，都没有理由说图书馆的数字资源不能“表达思想”，都不能否认这些数据库集合是无比丰盛的“满汉全席”，更不可无视或拒绝利用这些全体公民都有权利享用的公共资源。图书馆数据库中有最新的科技论文和学术成果，有最新的学术著作，也有《四库全书》这样的古籍原始文献，如果说这些不是丰盛的满汉全席，什么才是？

曾有一位史学研究者说过，只要学会利用各种图书馆数据库，每个研究者在占有资料上都可达到陈寅恪先生的水平。这是深得个中三昧者之言。

王蒙、易中天等之所以有这样的看法，源于这样一种流行的思维定势：在电脑、网络或手机上阅读都是“浅阅读”，一卷在手才是读书。此乃无稽之谈。从历史上看，人类使用过几乎一切可以用于记载图文的介质，如竹、木、绢、石、草、叶、泥、青铜、陶瓷、兽皮等，直到后来才普遍使用纸张。在使用这些载体的时候，人类的文明都曾辉煌发展，如纸莎草时期的古埃及文明，泥版文书时期的两河流域文明，简策时期的商、周、秦、汉文明。而后来之所以选择纸作为文献载体，原因在于其廉价易得。可以肯定，如果有更便捷、更廉价的载体，人们的选择肯定会发生变化，而且这个变化现在已经发生了。现有图书馆的各种数字资源中，几乎囊括了一切文化科学成果，这一切都不是用“浅阅读”可以解释的。

手机阅读

记得在我幼年的时候，家中有位学养深厚的长辈，对当时出版的书刊深恶痛绝，在他眼里中，中文用简体字从左至右横排出版，乃岂有此理之事，“数典而忘其祖”，因此断言我们这一代将为此变得没文化。还有一位长辈的长辈，从不读西式装帧的书籍，只看线装书。时至今天，事实证明，尽管我本人不够争气，但我们这一代人整体上并没有因此而变得比上一辈更加没有知识和文化，文明依然以新的形式得到传承。现在每当我听到一些人对年轻人偏爱电子阅读而横加指责时，就会想起幼时听到的这些杞忧。

历史上也曾发生过保守的士大夫鄙视纸张这个“新媒体”的事情。东汉年间，有个叫崔瑗的官员送给朋友《许子》一书，因为是用纸抄写的，而不是用当时上层社会使用的缣帛（素），就写信致歉。这封信的全文是：“今遣奉书，钱千为资。并送《许子》十卷，贫不及素，但以纸耳。”[①]崔瑗写此信时应在蔡伦造纸成功之后的二三十年，当时社会主流还看不起纸张这个新载体，以至于崔瑗还要为“贫不及素，但以纸耳”道歉。这与当今某些所谓的读书人看不起数字媒体何其相似。然而“简重而帛贵”，必为新生的纸张所取代。就在其后不久，至迟在魏晋南北朝时期，纸张就成为主要的书写材料。

为此，我由衷相信，即使有一天纸质文献真的消亡，电子文档独步天下，天也塌不下来。

① 崔瑗：《与葛元甫书》，见《全后汉文》卷45，亦见《北堂书钞》卷104，《艺文类聚》卷31。

阅读推广与阅读指导

既然社会阅读的主体是图书馆，图书馆在全民阅读中有着不可替代的重要作用，那么图书馆就应当责无旁贷地承担起阅读推广和指导的责任。

如果说在过去，阅读推广工作还是图书馆一项可做可不做、可多做也可少做的业务，现在则是必不可少的、带有根本性的任务，因为阅读推广体现了图书馆一以贯之的指导方针，带有根本精神、宗旨圭臬的性质，涉及图书馆的核心理念。这些精神和理念前文已述及。

阅读推广的重要性已经得到国家主管部门的认可和重视。在2013年的全国公共图书馆评估工作中，文化部下发了《全国第五次县以上公共图书馆评估定级标准》，其中“社会教育活动”一项占有重要地位，其具体内容就是讲座、培训、阅读推广、服务宣传等。在总分1000分的标准中，“社会教育活动”在省级公共图书馆中占45分，市级的占50分，县级的占90分；少儿馆省级的占115分，市级的占100分，县级的占45分，大体是5%~10%。这是一个很大的比重，要知道，在同一标准中，县一级公共图书馆的建筑设备只占50分，经费和人员只有60分，也只有5%左右。这一硬性指标充分说明阅读推广在图书馆工作中的分量。

阅读工作报告

从图书馆的历史，尤其是公共图书馆的历史看，阅读推广活动的出现与普及，是图书馆发展到一定层次、一定水平的产物。纵观我国百年来图书馆的发展（也就是近现代图书馆的产生和发展），可以说经历了三个历史阶段：一是从封闭到开放，二是从对部分人开放到对全社会普遍开放，三是从被动地接受服务到主动地推广服务。这个过程漫长而艰难，可以说，直到进入21世纪，我国图书馆才大体完成了前两个阶段的使命，亦即基本实现了对全社会普遍、均等、免费开放。现在正在迈向第三个阶段，亦即进入了大力开展阅读活动，向全社会主动推送图书馆服务的新时期。因此，今天进行图书馆阅读推广工作，在某种程度上也是历史发展之必然，是图书馆发展的历史趋势。

从图书馆服务上看，图书馆专业服务工作可划分为三方面的主要内容，而从历史发展的角度看，也可以说经历了三个不同的阶段：一是文献服务，即传统的图书馆服务，如外借、阅览；二是信息服务，如参考咨询、信息检索等；三是阅读推广，表现为开展多种多样的活动。与前述历史发展阶段不同，后来出现的新形式并不意味着否定原有的服务方式，如文献服务这种最传统的图书馆服务现在仍有不可动摇的地位，并且新增加了数字文献和网络数据库，以及包括近期出现的送书进社区、流动图书馆、自助图书馆等新事物。阅读推广可以说是集文献服务和信息服务之大成，通过多种多样的活动和手段将文献服务和信息服务送到读者身边。

且不说这些大的宏观态势，大家不妨看看自己周围的图书馆，包括学校图书馆、公共图书馆及社区乡镇图书馆，各种阅读推广活动可称得上是日益丰富多彩，遍地开花。其内容包括讲座、展览、读书会、演讲会、朗诵会、报告会、主题论坛、专题陈列、新书推荐、网络竞赛、音乐欣赏、影视观摩、参观考察、学术研讨、技术体验、科普教育，等等。很多图书馆都设立了读者活动部或类似部门，或者由专人负责阅读推广活动。如果说从前图书馆的类似工作还是可有可无、可多可少的话，那么在当前已经成为核心的工作任务。

有专家指出，从图书馆业务工作的发展趋势看，“融合趋势”或者“综合发展趋势”（Development of Metropolitan

阅读工作研讨

Libraries)是今后图书馆发展的主流。①这点现在已经是共识，而且是已经被实践所验证。什么是"融合趋势"或"综合发展趋势"？通俗的解释，就是今后的图书馆不可能再按照老模式运作，满足于每日借借还还，看摊守点，而必须全方位、多方面开展工作，必须做那些不是传统图书馆工作的事情，做那些似乎是其他部门做的事情。读者看到的既是图书馆，又是信息资源集散地（ICP)，还是学校、展览馆、博物馆、音乐厅、文化讲坛、影视观摩厅、新书推介中心、学术交流场所、新技术体验中心，等等。只有这样，才能丰富和拓展图书馆的服务内容，提升和强化图书馆

① 王世伟. 再论智慧图书馆[J]. 图书馆杂志，2012(11).

的服务品质，增强和扩大图书馆的服务影响。这种“融合趋势”或“综合发展趋势”，主要就是通过阅读推广工作来实现的。

从图书馆本身看，即使不谈图书馆发展趋势这样的大问题，仅仅从生存和发展的角度，也应该大力开展阅读推广，借此向全社会展示图书馆的社会作用，引起社会各界的关注和支持。阅读推广的目的之一就是彰显图书馆的效益，提高图书馆的利用率，塑造图书馆的公共形象。一个没有效益、没有利用率、没有好的公共形象的图书馆，是很难生存的。曾有许多馆长抱怨，领导不重视，社会不关注。其实，如果你无声无息、抱残守缺，每天守摊子、混日子，怎么会有人重视你、关注你? 又怎能生存、发展? 更谈不上完善、提升。

阅读需要推广，也需要指导。尤其是公共图书馆，需要加强阅读指导工作，图书馆工作者要有指导阅读的基本业务素质。在图书馆阅读推广中，指导还是不指导，在业界还是颇有争议的。

中国图书馆学会有个阅读推广委员会，我自2009年起担任这个委员会的主任。该委员会的前身是科普与阅读指导委员会，成立于2005年，2009年换届时才改名为阅读推广委员会。在名称中取消了“指导”的字眼，初衷就是要消除凌驾于普通读者之上、高人一等的误解，强调阅读推广是图书馆分内的本职工作。但若依此而得出结论，认为图书馆在读者阅读中可以摒弃“指导”，则无疑是一种误读，也背离了委员会更名的本意。

关键在于有些人混淆了“阅读指导”和“平等服务”的概念，似乎两者是矛盾的、非此即彼的。人生而平等，没有高低贵贱之

全民阅读论坛

分。对于到图书馆来的读者，更要一视同仁，没有三六九等之别，这是图书馆的基本宗旨。有人曾经举例说，一个哲学家寻求哲学著作，和一个厨师看烹调技术的书，在图书馆里都是平等的，都应该得到周到的服务，而不该像某些世俗的理解，把哲学家列为重点服务对象，却罔顾厨师的要求，或者把前者视为“深阅读”，却把后者视为“浅阅读”。诚哉斯言。

然而，无论是哲学家还是厨师，都是需要阅读指导的。首先，图书馆应该系统采买并整理出哲学和烹调方面的核心论著，满足他们的需求，不要缺失重要的文献；其次，要帮助他们全面、正确地检索所需要的哲学和烹调方面的文献，并有效提供给他们；最后，如果他们进行咨询，图书馆员要完整、准确地答复哲学和烹调文献的有关问题，解决他们使用文献时遇到的困难。这一切都是阅读指导工作的范畴。至于对未成年人、残疾人、初涉图书馆的读者等群体，阅读指导的任务就更加具体了。这类工作属专业性的指导，如同生病看医生、问路找交警一样，本不存在什么高下之分，更不意味着居高临下、轻视读者，有碍平等服务。

孔子曾说过，自己是“学而知之”的，并不属于“生而知之者上也”的层次。实际上没有谁能够“生而知之”，因此孔子才倡导“教化”，人类文明的发展也从来不曾离开教育、教育学和教育机构。而教化民众，或曰全民教育、终身教育，恰恰是图书馆特有的、无可取代的重要社会职能之一。既然如此，阅读指导怎么可以缺席？具体到图书馆阅读工作，无论何种类型的图书馆，都不仅要让民众多读书，还有职责让他们会读书、读好书。一个图书馆，如果以“热读”为名，将馆藏都变为武侠言情小说，肯定是极其荒唐的，事实上也没有哪家图书馆会这样做。读者需求并不都是“天然合理”的，图书馆对读者的一些阅读行为也不能完全听之任之。

问题不在于图书馆阅读指导工作本身，而在于以往的阅读指导方式大成问题。有的图书馆根本没有树立起指导阅读的观念，又缺少专业的方法，读者对此也不认可。曾有一家大型城市图书馆要求服务台详细记录读者问询的内容，结果“咨询”最多的竟然是洗手间的位置。

对于许多图书馆来说，阅读指导不是该不该舍弃的问题，而是太少、太贫乏、水平太低，远远跟不上读者的需要的问题。就拿最基本的工具“指导书目”来说，我一直认为，自张之洞《书目答问》以来，就不再有全面的、得到各界认可的、经得起历史检验的书目指导。我也曾应邀参加过几部面向社会普通读者的大型综合性指导书目的编制，发现参加编撰的所谓专家多是“刘项原来不读书”之辈，只会以揣摩跟风为事，以其昏昏，岂能使人昭昭？于是只有退出了事。

在阅读推广和阅读指导中，未成年人的推广指导是不可或缺的一环。少年儿童是国家和社会的未来，其自身素质的重要性无需多讲。我经常在各种图书馆的阅读推广会议上讲我幼时读书的往事。我的孩提时代，和千千万万同龄人一样，是在身体和精神的双重饥饿中度过的。当时我的一大快乐，就是用吃早餐的钱去一个半地下的书摊租书来看，以肚皮的饥饿为代价来填补精神的饥饿，而当时从事“阅读指导”的就是那个摆书摊的半文盲老头。其实说起来我还算是幸运的，并不是每个同龄的孩子都能够有条件到书摊去租书来读。“文革”开始后，这种小小的快乐也告终了。后来我虽然受了高等教育，也竭尽所能地弥补早年失学、失读带来的种种缺憾，但仍不过是亡羊补牢、聊胜于无而已。以至于每当我备感愚钝，为无法突破的上限而苦恼之时，总要归咎于早期教育的缺失和时代的局限。我想，我的感受绝非我一人所有，也是这一代很多知识分子共同的遭遇与烦恼，正所谓“一人之心千万人之心也”。

作为一名图书馆从业者，我的职业理想，就是要让天下人都有书可读，让天下人都爱上读书，无论贫或富，贱或贵。尤其是孩子们，再不让他们为没有书读而苦恼，也不会像我们那样因早期

阅读推广论坛

教育缺失而带来终身的遗憾。希望能以此追随古代圣贤的情怀，虽然“茅屋已为秋风所破”，但仍然寄希望于“广厦千万间”。这样的事业就如同那位芭芭拉·库尼笔下的鲁菲丝小姐（花婆婆），虽童年不再，却童心未泯，将鲁冰花的种子撒向田野和路边，让世界变得更加美丽多彩，从而实现童年时许下的美好愿望。

具体说来，图书馆在阅读推广和指导中要做的事情有如下内容，或者说有如下目标：①

1. 引导。对于缺乏阅读意愿的人，图书馆通过生动有趣的阅读推广活动，引导他们感受阅读的魅力，享受阅读的乐趣，并逐步形成阅读的习惯。

根据朱永新先生介绍，世界上每年人均读书数量，中国人只

① 范并思. 阅读推广为什么[J]. 公共图书馆，2013（3）.

有4本，而以色列人却达到64本。[①]深圳创建“图书馆之城”，现有经评估达标的图书馆630余家，平均每2.5万人拥有一个图书馆，这样的水平在世界上也是很高的。而且深圳的公共图书馆全部免费，连借书证、工本费也免了，全年开门服务，节假日也开放，还有24小时自助图书馆全天候工作，这在世界上也不多见。但深圳居民的图书馆办证率却只有10%，而美国图书馆平均办证率为65%，洛杉矶郡达到80%。香港只有80个公共图书馆，办证率却达到50%。究其原因就在于我们的很多市民没有阅读习惯，也没有阅读意愿。所以有人慨叹：深圳是图书馆之城，而不是阅读之城；建设图书馆之城容易，建设阅读之城难。这正是图书馆阅读推广工作要解决的问题和要完成的任务。

2. 训练和指导。公共图书馆的服务对象中存在许多有阅读意愿而不善于阅读的人，包括尚未学会阅读的人，如少年儿童，还有因各种原因成年后失去继续学习机会的人。图书馆阅读推广可以训练他们，指导他们学会阅读。

3. 帮助。公共图书馆的服务对象中还存在阅读困难人群，也称图书馆服务的特殊人群，此类特殊人群包括残障人士、足不出户的老人、低幼儿童、阅读障碍症患者，等等。图书馆需要对他们提供阅读帮助，而阅读推广服务是最好的帮助。

4. 服务。传统图书馆服务目标人群的主体是具有较好阅读能力的人，即所谓高层次读者、专业读者。图书馆阅读推广活动为他们提供阅读的便利，丰富为他们服务的方式。

---

① 朱永新. 我的阅读观[M]. 北京：中国人民大学出版社，2012.

第四章

图林清话

自助图书馆·匏瓜·拉菲酒

“城市街区24小时自助图书馆”在深圳问世以来，仅仅数年，俨然已成气候，现在深圳全市的自助图书馆已经发展到200台，各地引进安装自助图书馆也正在形成小小的热潮。同仁们当年为了这一发明创新而到处奔走呼号、寻求支持的情景犹在眼前，而现在这一页却已经被历史轻轻翻过。

一个好货色，尤其是作为新生事物的好货色，遭到冷遇时理应炒热它，而当其急剧发热时就需要给它降降温，并要理性地看待它。现在确实有些地方存在“一哄而上”的现象。这使我们联想起当年为了实现“数字图书馆”而大批量扫描馆藏图书的陈年旧事。自助图书馆的确需要“冷观”，否则一台好戏会演砸，一本好经会念歪。

“一哄而上”现象的原委，恐怕还是一些地方的领导和图书馆没有真正搞清楚自助图书馆的初衷、原理和作用，以及使用这一设备后可能带来的问题，就盲目上马。在许多领导眼里，引进自助图书馆就像是买台洗衣机，回去接上水电就可以用了。他们所需要的只不过是图书馆事业发展的“点缀”而已。想起当年孔子也曾被人视为点缀和摆设，老人家为此还愤愤不平地抱怨：“吾岂匏瓜也哉，焉能系而不食？”（《论语·阳货》）这里说的“匏瓜”

是一种带苦味的葫芦，挂起来好看，却不中吃，所以孔夫子要急扯白脸地口出怨言：难道我中看不中用吗？难道我只能给各级领导做点缀吗？

“一哄而上”固然不好，但并不等于说自助图书馆本身就不好；把孔二先生当“匏瓜”来用是不对的，可恁老人家还是确有真才实学的。我担心的是，如果将各地在建设自助图书馆中出现的问题算在自助图书馆自身的账上，或者把本不属于自助图书馆的所谓“缺陷”强加于它，就会造成曲解和工作上的失误。毕竟，开发研制自助图书馆的初衷在于利用一切先进技术手段，最大限度地为公众服务，其问世是国内图书馆行业的一个发明创新，而建设发展自助图书馆也是文化惠民的好事。

吾岂匏瓜也哉，焉能系而不食

一个较多见的说法是，用自助图书馆取代社区图书馆是不合理的。不知道为什么有人一定要将这两者对立起来。我们这些自助图书馆的首创者就从来不曾考虑要用自助图书馆来取代社区图书馆。在自助图书馆建设走在最前列的深圳，“图书馆之城”建设同样如火如荼，而且是国内基层图书馆的数量最多、质量最好的城市之一。自助图书馆和社区图书馆是相辅相成的，而不是非此即彼的，不能因为社区图书馆好就认定自助图书馆不好，反之也是一样。这就如同银行门市和ATM机不能互相取代一样，顾客自会根据需要选择不同的服务。

另有一种意见认为，建设自助图书馆不符合数字图书馆的发展方向。实际上，自助图书馆既是各种高科技手段，包括数字图书馆技术的集合体，又是能完成传统图书馆服务的工具。毫无疑问，图书馆必将要走向数字化，但无法忽视的是，目前的图书馆，尤其是公共图书馆，最主要的服务内容之一还是传统的“借借还还”。作为图书馆人，不能无视读者，尤其是底层普通民众的真实需求，更不能以数字化为借口把他们拒之门外。自助图书馆所要做的就是用高科技手段提升传统服务水平，这也是在引领普通民众迈进信息化世界，走向现代化。

对自助图书馆最大的曲解，恐怕就是说它价格昂贵，脱离了现有的国情，甚至将之斥为“烧钱”之举。这种说法貌似合理，实际上却是知其然而不知其所以然。图书馆本身就是要花钱的（或者说是“烧钱”也无妨），各级财政加大对图书馆的投入是再正当不过的事情。对于一些具备相应经济实力的城市来说，发展自助图书馆实际上是一种节约型的图书馆建设模式。仅就资金而言，要建设任何一种类型的图书馆，都需要一个场所，也就是房子，无论是建、买，还是租，其费用都要远远高于自助图书馆，何况还要有家具、设备、水电、网络等多种开支。至于维护开馆的费用，由于自助图书馆无人值守，不需人员编制，而物流外包，其开支也更低。其他的如土地，每台自助服务机占地大约7平方米，实际需要10平方米左右，所占用的土地资源远远低于任何类型的图书馆，且多为边角闲置之处，无需规划审批。对于寸土寸金的大城市来说，这种节约比资金本身还要重要。

当然，建设自助图书馆毕竟是需要一大笔款项的，这笔开支对相当多的地区来说还是过重了，因此，“节约型”只是针对具有相当经济实力地区的图书馆发展而言。曾有一位西部地区的主管领导在询问过自助图书馆的价格后对我说：“我们那里的图书馆全年经费也不够买一台自助机。”我的回答是：“这说明你们目前还与自助图书馆无缘。”这正是本文重点强调的，不要一哄而起，不要将自助图书馆当作点缀的匏瓜。

我的朋友李超平教授曾用拉菲酒来比喻自助图书馆，窃以为确有相通之处。其实，只要酒不是假货，买酒的钱不属于“三公”消费，享受一番拉菲酒的美味没有什么不好，毕竟拉菲酒是个美好的东西，喝拉菲酒是一种美好的享受。倘若你喝不起拉菲酒，没关系，这说明你和我一样，尚不属于“先富起来”的族群，我们再努力就是了，面包会有的，美酒也会有的。与此同时，也别忘了对喝拉菲酒的朋友道一声：Enjoy your life!

（2011年12月，载于《图书馆报》2011年12月23日A02版）

且唱新翻杨柳枝

数字阅读的倩影，早已翩然而至，但我们的社会、公众和业界似乎还不曾为此做好准备。

2012年11月在东莞召开的“2012中国图书馆年会”，可谓盛况空前，其中的重头戏是王蒙先生在闭幕式上所做的题为《现代性文化与阅读》的演讲。笔者躬逢其盛，当场受教。王蒙先生这篇演讲的结论性意见是：“读书是不能替代的，不能用上网替代，不能用看VCD替代，不能用看DVD替代，不能用敲键替代，甚至也不能用手机和电子书来替代……正是最普通的纸质的书，它表达了思想，表达了思想的魅力，表达了思想的安宁，表达了思想的专注，表达了思想的一贯。因此图书馆是一个产生思想的地方，是一个交流思想的地方，是一个深化思想的地方。”①

同样的意思，才华横溢的易中天先生表达得更为妙趣横生。当谈到数字媒体是否会代替传统出版物的时候，易先生激动地说：“完全替代是不可能的。那种用手触摸精装书籍的美好触感，电子阅读永远无法代替。经典作品还是要靠纸质媒介呈现，就像满汉全席，能用塑料盘子装吗？”②

---

① http://www.sun0769.com/subject/2012/2012tsgnh/

② http://www.chinanews.com/cul/2011/06-05/3091141.shtml

尽管亦庄亦谐，比喻新颖，不过我依旧觉得两位大师的论调似曾相识。在我幼时，家中有位学养深厚的长辈，对当时出版的书刊深恶痛绝，在他眼里中，中文用简体字从左至右横排出版，乃岂有此理之事，简直就是亵渎文化。还有一位长辈的长辈，从不读西式装帧的书籍，只看线装书。他们的观念实际上与上述两位大师是相通的，无非是只有繁体竖排本或旧式线装书，才能“表达思想”，才有资格装“满汉全席”。

再往远了说，早在东汉年间，其时恰逢纸张初兴，有个叫崔瑗的官员送给朋友《许子》一书，因为书是用纸抄写的，而不是用当时上层社会使用的缣帛（素），就写信致歉。这封信的全文是：“今遣奉书，钱千为资。并送《许子》十卷，贫不及素，但以纸耳。”[①]崔瑗写此信的时间应在史籍“蔡伦造纸”之后的二三十年，当时社会主流还看不上纸张这个“新媒体”，大概崔瑗本人也对这个“塑料盘子”感到不好意思，以至于要为“贫不及素，但以纸耳”道歉。当时的士大夫没有料到的是，因为“简重而帛贵”，就在其后不久，至迟到魏晋南北朝时期，纸张就成为社会通行的主要书写材料了。

个中的道理，还是程焕文教授讲得生动明白：“阅读不过是一种行为，坐着读、站着读、走着读、躺着读，读书、读网，白天读、夜晚读，精读、泛读，系统地读、碎片地读，读经典、读网文，无论怎么读，无论读什么，不过是形式或者方法不同而已，没有

① 崔瑗．与葛元甫书．《全后汉文》卷45，亦见《北堂书钞》卷104，《艺文类聚》卷31.

本质的差别，在知识的学习与获取上都是一样的。”[①]问题的实质正是如此。借用易中天先生的比喻，关键在于吃的是满汉全席还是垃圾食品，至于用什么样的器皿，则是随着时代的变化、技术的进步而与时俱进、常变常新的：可以是缣帛，也可以是纸张；可以是线装书，也可以是精装书、平装书；可以是繁体竖排，也可以是简体横排。而在当前，数字阅读成为时代潮流，则是毋庸置疑的。

然而程焕文教授只是说对了一半，还有必要做一补正。对于普通读者和一般阅读来说，传统阅读和数字阅读确实如程教授所说，“都是一样的”，只要读的是好书或有用的知识信息，喜好或习惯用什么方式，均无可厚非。但是，对于治学之人，推而广之到一切利用文献为学的读书人，则一定要学会利用数字文献，其中主要是图书馆收藏的各种数字资源。作为一名现代学者，这是必不可少的学术功力。

笔者曾在各种场合多次表述这样的观点：我们之所以坚信当今已经进入数字阅读的时代，数字阅读会取代传统阅读成为社会阅读的主体（不是全部），其最重要的依据，就是今天的图书馆已经初步建立起系统、完备的数字资源体系。[②]与支离破碎的网络信息不同，图书馆收藏和提供各种数据库，如同图书馆的藏书一样，是经过精挑细选和专业化整理的，因此是最重要、最全面、最

① http://blog.sina.com.cn/s/blog_4978019f0102e0kw.html

② 吴晞．数字阅读·纸本阅读·图书馆阅读[M]//褚树青．城市图书馆研究．北京：国家图书馆出版社，2012.

实用、最具价值的信息资源，是最优质的数字资源集合，而且大多是全面开放、免费提供的。目前在社会上，还没有其他社会机构拥有这样完备的数字资源、这样系统的数字阅读保障、这样全面无偿的服务。图书馆之所以能够如王蒙先生所说，是产生思想、交流思想、深化思想的地方，不仅仅是因为其有传统的纸质藏书，当今还要有赖于这些足不出户即可坐拥天下资源的数据库集合。

很难想象当今社会的治学者能够脱离图书馆的数字资源来搞科研、做学问，就是追求全面、系统阅读的普通读书人，也不应忽略这一高效便捷、人皆可用的途径。不管阅读习惯如何，都没有理由说图书馆的数字资源不能“表达思想”，都不能否认这些数据库集合是无比丰盛的“满汉全席”，更不可无视或拒绝利用这些全体公民都有权利享用的公共资源。

笔者早年在北京大学读书时，曾师从一位中文系的老师学习古汉语，后来毕业留校在图书馆工作，这位老师就经常找我协助他查找文献。记得他研究文言文中一个助动词的用法，要逐一查阅所有先秦文献，做成卡片，归纳对比。如遇有本校图书馆没有收藏的，还要到其他图书馆去查。这样前后花了一年多的工夫，才写成了一篇万把字的论文发表。我很是敬佩这位老师为学的严谨，也由此看到了文献查检的艰辛。其实当时的学者大都是要下这种“笨”功夫的，许多教授家中都堆满卡片、文摘和剪报。我们所学习的“专业技能”，也是通过各种书目和工具书查检线索，进而掌握文献。后来，随着图书馆各类数据库逐渐完善，我发现，只要花上不太长的时间，就可以完成那位老师所花的一年之功，而且还会更全、更好、更少差错。因而我想到，不知道这位可敬的古汉语老师，以及王蒙先生、易中天先生，现在是按照老谱逐页翻检文献过日子，还是已经跻身数字浪潮之中了呢？图书馆数字资源对于他们来说，显然不像“躺着读”还是“坐着读”那样无关紧要，而应该成为读书治学的基本资源和首要手段。

这些道理并不深奥，也不生僻，图书馆的数字资源“就在那里”，自始至终全面无偿提供给社会使用。但为什么我们的社会公众却对此知之甚少，却误解甚多，就连王蒙先生、易中天先生这样深孚众望的精英翘楚都会有这样那样的曲解呢？我以为，其中一个重要原因就是图书馆缺乏积极有效的宣传推广，没能让社会各界和公众知晓图书馆的数字资源宝藏，进而利用它们、喜爱它们、习惯它们、依赖它们。现在国内数字资源丰富的图书馆为数不少，即使数据库不够齐备，使用者另有需求，也大都可以通过各种图书馆协作关系和资源共享平台，利用各大图书馆的数据库。现在图书馆数据库的使用率还是普遍偏低，能熟练掌握和使用的人更是少而又少，不免令人扼腕。

“请君莫奏前朝曲，听唱新翻杨柳枝”，是唐代大诗人刘禹锡的传世名句。然而，若要有人听，先要有人唱；若要社会接受，先要鼓吹宣传。因此，有必要在业界疾呼：《杨柳枝》，唱起来！

（载《图书馆》杂志2013年第3期）

天条、天职及其误读

21世纪以来，中国的公共图书馆进入了全面免费的时代。学界的鼓噪呼吁，几家城市图书馆的大胆尝试，很快就嬗变为业界的共识和政府的方针。现在，免费服务在公共图书馆庶几近之“天条”，蔚成一时风气。恰如有的学者所指出的这是本世纪中国图书馆，尤其是公共图书馆事业发展最重大的进步和最丰硕的成果。

真理超越半步，往往就是谬误，就陷入误区。孔子说“过犹不及”，也是这个意思。当今某些地方公共图书馆推行借书证免收押金，并自诩为“服务创新”，就是一例。

这种“创新”超越了图书馆的底线。各行各业都有自己的底线，而图书馆界的底线之一，就是图书馆的藏书。建设藏书，保护藏书，进而汇聚知识，传承文明，是图书馆最重要的天职，是图书馆之所以成为图书馆的本质特征。图书馆的这种功用被卡尔·波普尔称为“世界三”，我国也有“诗书继世长”的优良文化传统。图书馆的任何行为，都不能以损害其藏书为代价。

而当今某些公共图书馆实行的借书证免押金政策，恰是以“借书不还”为代价的。某些地方领导甚至明确表态，由此造成的图书馆书刊丢失的损失全部由财政增拨款项埋单。在他们眼中，这是一项“惠民”的好事，如同是在给市民开粥厂、发红包、派利是，图书馆书刊的损失可以用金钱来补偿，馆藏的文献也可以作为福利赠送给市民。这是图书馆办馆方针的错位，也是对文明遗产和知识传承的漠视和无知。

图书馆收取押金来确保藏书免受损失，绝不是唯一的方式，甚至也不是最佳的方式。高校和其他一些有固定读者群的图书馆，就无须用钱来做抵押。我国香港和西方许多国家的公共图书馆，都是不收取借书押金的，居民诚信本身就是担保。在公民信用制度远未建立的我国大多数地方，如果不是寻求建立可以取代押金的担保制度，而是不惜损失图书馆的文献收藏，去搞此类“服务创新”，则与图书馆之宗旨悖之远矣。

图书馆藏书是属于全社会的宝贵文献收藏，但也要以“用”为前提，绝非束之高阁，也不完全是神圣不可触犯。在一些公共图书馆，尤其是基层图书馆和社区图书馆，把多余的藏书廉价售给居民，甚至免费赠送，都是允许的，这也是西方社区图书馆常见的做法。但是无论如何，不能容忍“借书不还”，不能让那些品行有亏、需要教育惩戒的人享受这一“福利”，而让广大遵纪守法的公民蒙受由此带来的损失，如加大财政开支、损失公共文献。就算是派红包、发利是，也要有个公平合理的发放途径和发放标准，不能混乱无序，更不能恶人先得。

笔者十分赞赏某位图书馆专家的说法，图书馆发展是有最低纲领和最高纲领的：最低纲领是履行社会公正、包容的使命，确保为每一个公民提供公平的服务；最高纲领是提供知识服务，为各界人士自由交流信息、共享人类知识提供一个信息化的环境。

这也是当前图书馆发展的两大目标、两大使命。我认为，这两个纲领不是孰先孰后的关系，而是要并行不悖、齐头并进，这样图书馆方能健康发展。而图书馆藏书的齐备健全、保存完好，则是最基本的条件，尤其是实施知识信息服务这一“最高纲领”的前提和保障。

当前公共图书馆基本做到了开放、平等、免费服务，尽管还远称不上完善，但已经为实现图书馆发展的“最低纲领”迈出了一大步；而在信息提供、知识服务上却乏善可陈，距离“最高纲领”还遥遥无期。因此，要既不墨守，也不逾矩，既要勇于创新，也要恪守底线，方能厚积薄发，更上一层楼。我想，只要是能把上述两大使命都纳入发展方针的各级领导和图书馆管理者，是不会盲目采纳借书证免押金这样的“创新”的。

（载《图书馆报》2013年5月10日A02版）

三个故事　一条宗旨

——阅读自由漫谈

一、奥巴马的故事

2005年6月，美国伊利诺伊州参议员奥巴马，即后来的美国总统，在芝加哥召开的美国图书馆协会年会上，发布了以“隐私与自由”为主题的著名演讲。

奥巴马在演讲中指出，每当科学和真理不断遭到政治议程、意识形态和伪科学的挑战时，“总是图书馆在提醒我们，真理并非就是最响亮的声音，而应该是最正确的信息”。他倾情呼吁：“让我们的图书馆永远都是知识的殿堂。在这里，人们可以自由自在地阅读，随心所欲地思考。”

以一位杰出政治家的眼光和雄辩，奥巴马充满感情地说道：

多年来，是图书馆管理员们一直奋战在争取隐私与自由的前线……当政治机构审查优秀文学著作时，是你们将《哈克·费恩历险记》和《麦田里的守望者》重新放回书架，保障了我们自由思考和接受外界信息的权利。每次我们不得不担忧，我们的政府是不是也会在图书馆里掠过我们的肩头窥视着我们，这时，依旧是你们勇敢地站出来，呼吁保护个人隐私。你们是美国这一最根本自由权利的全职捍卫者，仅凭这一点，你们就应受到全国人民最深切的感激。①

这篇演讲广受赞誉，被誉为奥巴马在通往白宫之路上的重要的演讲之一。不得不承认，对于公民权利、阅读自由和图书馆的社会责任、历史使命等，奥巴马讲得既到位，又精彩。尤其是将图书馆员誉为“这一最根本自由权利的全职捍卫者”之语，精辟地道出了图书馆人的职业价值。

二、程焕文的故事

时隔8年，中国出了个“竹帛斋主”程焕文，他又高调将阅读自由的论题抛了出来。

2013年3月，程焕文在他的“竹帛斋主博客”中接连发了《人有好恶，书无好坏》和《勿左勿右，客观中立》两篇博文，祭出了图书馆信息自由的大旗，明确提出：“图书馆在藏书建设上必须保持客观中立，不受任何思想意识和社会势力的干扰和影响，不越组代庖地替任何意识形态、团体和个人判断藏书的优劣好坏，或者收藏与剔除。这是纯粹的图书馆精神，这种精神会受到来自意识形态的各种压力，但是作为图书馆人必须尽最大的努力予以坚持和抗争。”这一论点和当年奥巴马参议员的观点如出一辙。

然而“竹帛斋主”却没有奥巴马的幸运，由此文而踏上“通

① 奥利弗. 通向白宫之路：奥巴马赢得大选的20场演讲[M]. 刘琳红，译. 北京：中国青年出版社，2009.

往××之路”，而是遭遇到一片质疑之声，引发了广泛争论，并且这些声音大多来自图书馆界。“竹帛斋主”没有因此而示弱，依然“顽固”坚持其立场：“凡是认为书有好坏的，不是“左”就是右，都对图书馆有害。图书馆在藏书建设和服务上必须持有的是客观中立。你的观点貌似正确，其实就是审查制度赖以生存的粪土，如果你哪一天做了很大的官，特别是管新闻出版的官，言论自由、出版自由、藏书自由、阅读自由就都会被你消灭了。”[①]迄今为止，图书馆界对于程焕文论点的争论仍未停息。

笔者旗帜鲜明、毫不含糊地支持“竹帛斋主”的论点，并很欣喜能够从图书馆的角度讨论阅读自由的问题。

三、《金瓶梅》的故事

早在奥巴马和程焕文抛出上述高论之前，我就曾多次在不同场合声明：坚决不看删节版的《金瓶梅》。

这一说法曾引来不少讪笑，谓我专好那些被删节的篇章。一位仁兄还赠送我一本小册子，刊载的是《金瓶梅》中被删节的部分，曰只读此书即可，令人忍俊不禁。

我的本意是，我是个成年人，又自诩为高层次读者，凭什么要由别人来决定我该看什么，不该看什么，而且一定要接受“少儿不宜”的标准？简直岂有此理。

后来我结识了策划出版“洁本”《金瓶梅》的专家，一位令人尊重的老先生。他研究《金瓶梅》多年，认为此书是不可多得的伟

① 竹帛斋主博客：http://blog.sina.com.cn/u/1232601503

大文学作品，其水平不在《红楼梦》之下，却背上了“淫书”之名，难以面世。为此，他们几经周折，上下奔走，终获批准出版删节版，让天下读者得以一窥其概貌。得知其原委，我深为其拳拳之心而感慨，却依然无法苟同其论点，依然不愿由他人代替我做阅读的抉择，尽管这个“他人”是一位充满爱心、学养深厚的长者。

由此想到那些热心于区分“好书”与“坏书”的图书馆员们。他们虽然也是一片“好心”，但学识较这位老先生还差得远，却在干着连一流专家学者都无法做好的事情，正所谓“嗟尔远道之人胡为乎来哉”！

《金瓶梅》（北京大学图书馆藏）

四、阅读自由是宗旨

前面三个故事带给我们一个结论：阅读自由是图书馆，乃至整个现代社会文明的宗旨。

笔者之所以赞赏奥巴马的精神，支持程焕文的论点，并且坚决不看“洁本”《金瓶梅》，正是基于这一宗旨。其理由，除却“竹帛斋主”和各位方家已经提到的，尚可续貂者有三：

其一，阅读自由，以及与其相关的藏书自由、信息自由，是图书馆根本的价值。恰如《公共图书馆宣言》开宗明义所说：自由、繁荣，以及社会与个人的发展是人类根本价值的体现。实际上，这个论题已经超越了图书馆学、图书馆界的范畴，而涉及社会的公平正义、公民权利等重大问题。图书馆员作为阅读自由的“全职捍卫者”（奥巴马语），有必要尽全力为此“坚持和抗争”（程焕文语）。

其二，正因为阅读自由是大道理，是“上位类”，所以其他小道理都要服从阅读自由这个宗旨。那些对程焕文论点发出不同声音的人，大多并不反对藏书自由、阅读自由和信息自由，而是从专业角度和图书馆工作的角度出发，对不加选择地收藏文献提出质疑。毫无疑问，没有哪家图书馆能够尽收天下文献，总要有所选择、有所舍弃，因此才有了藏书建设、文献资源建设、信息资源建设的专业领域，也才有了相关的理论、方法和技术。这些图书馆业务层面的事情，与阅读自由的图书馆精神、图书馆价值并不相悖，是不同层面的论题。一个合格的图书馆员，应该既是阅读自由的坚定捍卫者，又是精通图书馆藏书建设方法和技术的业务人员。其他图书馆业务工作，诸如阅读推广、经典推介、新书宣传等，亦作如是观。

其三，阅读自由问题与其他诸多事关公平正义的问题一样，在现阶段，在全社会范围本是很难企及的目标，但在图书馆却是可以率先实现的。阅读自由，知难行更难，在图书馆却是可行的，可望而又可即。若干年前，国内公共图书馆倡行开放、平等、免费，落实公民的公民权、平等权、文化权和信息权，并使之终于成为业界共识和政府方针，这是在其他领域难以实现的。须知，我们所说的图书馆阅读自由，实际上是打了折扣的，因为出版物在出版环节就业已经过了严格的审查和过滤。若我们再去区分什么好书坏书，岂非又在层层加码，为阅读自由设置更多的障碍？至少在图书馆，阅读是自由的，这点我们可以做到，也应该做到。

（2013年5月写于迈阿密四方园，载《图书馆建设》2013年9期）

我有一个职业梦

我有一个职业梦：让普天下所有的人都有书读，让普天下所有的人都爱上读书。

当今我们进入了一个阅读的时代。在今天的世界上，有各种国际组织在倡导阅读，各国和各地的政府在推动阅读，社会上的有识之士在呼吁阅读，通过全民阅读建设学习型社会已成为全人类共同的追求。新技术为我们带来了时代的进步，随着各种新技术在阅读领域的广泛应用，阅读的概念越来越宽泛，阅读的内涵和外延日益扩大。现在，可以说阅读无处不在，无时不在，这给图书馆，乃至整个社会带来了深刻的变化。

与此同时，当下社会阅读中的各种问题也越来越凸显，危机也越来越迫近。我曾经借用英国大文豪、大作家狄更斯的名言来形容当下的阅读状况：这是最好的时代，这是最坏的时代。此论涉及国民素质、文化传统、社会风气、新技术应用等诸多领域，这里且不说它，仅就读书本身来说，我们不难发现一个极为矛盾的社会现象：读书人总是要阅读，而不读书的人总是不阅读；读书人的阅读热情在不断高涨，而不读书的人数也在持续增加。

如何解决这一社会性难题？我们可以当仁不让地说：要靠图书馆进行阅读推广。

阅读推广是图书馆的传统工作，也是一个崭新的时代课题。如果说过去图书馆的阅读推广工作是一个附加的业务，可以做也可以不做，可以多做也可以少做，那么现在它就是图书馆的主业，成为图书馆服务的重头戏。阅读推广这场戏，不可不演，不可少演，更不可演砸了。我们要通过阅读推广工作，把阅读推向千家万户，把服务送给每个公民。

通过阅读推广，我们要引导那些不爱读书、没有阅读愿望的人们，让他们走进书籍的殿堂，感受读书的魅力，享受阅读的乐趣，从而加入读书人的行列；要帮助那些阅读有困难的人们，包括

读书图 （卢沉）

少年儿童和阅读有障碍者，引领他们顺利走上读书的康庄大道；同时也要向那些原本就热爱读书、热心读书的人们提供指引和服务，使他们多读书、会读书、读好书。这就是我们阅读推广人要做的工作、要实现的目标。

在我的职业梦想中，让所有的人都有书读，是保障公民的权利；让所有的人都爱上读书，是实现学习型社会的美好愿景。犹如中国之古训：今日多一读书之士，他年多一报国之人。这个梦，就是我们阅读推广之梦，就是我们图书馆人为之奋斗的宏伟目标。

（2013年11月7日，在“2013年中国图书馆学会年会阅读推广主题论坛”上的开幕词）

小小橘灯照书香

半个多世纪之前，一个寒冷漆黑的夜晚，女作家冰心眼含泪水，手提着那位顽强的小姑娘制作的小小橘灯，借助这自强不息的微弱光芒，划破黑夜，走过严冬。若干年后，她写出了影响了几代读者的散文名作《小橘灯》。

冰心《小橘灯》

2007年4月，这盏小小的橘灯在深圳沙头角重新点燃，至今已经历经5年，这就是沙头角图书馆制订并实施的“小橘灯”阅读推广计划。5年来，“小橘灯”以阅读为媒，为数以千计的少年儿童点燃生命之火，赋予他们智慧之光，给他们的童年增光添彩。同时，“小橘灯”也闪烁着图书馆人的职业精神，燃烧自己，照亮他人，恪尽职守，服务社会，以微弱却顽强恒久的闪闪火焰，为孩子们未来的人生送上点点光明。

图书馆是读书的场所，图书馆员的职业就是为天下读书人服务，广聚文献，传承文明，推广读书，倡导阅读。对于广大青少年来说，我们的责任就更加重大，所谓“春播一粒籽，秋收万盅粟”，今天播撒下读书的种子，日后就会盛开文明之花，此乃裨益世道人心、泽及子孙后代的大功德。

我的孩提时代，和千千万万同龄人一样，是在身体和精神的双重饥饿中度过的。当时我的一大快乐，就是用吃早餐的钱去一个半地下的书摊租书来看，以肚皮的饥饿为代价来填补精神的饥饿。说起来我还算是幸运的，当时并不是每个同龄的孩子都能有机会到书摊租书读。“文革”开始后，这种小小的快乐也终结了。后来我虽然受了高等教育，也曾竭尽所能地努力弥补早年失学、失读带来的种种缺憾，但仍不过是亡羊补牢、聊胜于无而已。以至于每当我备感愚钝，为无法突破的上限而苦恼之时，总要归咎于早期教育的缺失和时代的局限。

现在，作为一名图书馆从业者，我的一个职业理想，就是要让天下读书人都有书可读，无论是城或乡，富或贫，贵或贱。尤其是孩子们，再不让他们为没有书读而苦恼，也不会像我当年那样因早期教育

少儿读书图

缺失而带来终身的遗憾。盼能以此拳拳之心，追随古代圣贤的情怀，虽然“茅屋已为秋风所破”，但仍然寄希望于“广厦千万间”。

所幸的是，我的这个追求现在已是图书馆业的职业共识，也成为许多地方政府的既定政策和有力措施。“小橘灯”阅读推广计划的成功实施，就是沙头角图书馆的同仁们在政府主管部门的大力支持下多年辛勤耕耘的成果，也是全国图书馆阅读推广，尤其是少年儿童读书活动的一个成功范例。

由衷期冀当年冰心女士手中的这盏小小的橘灯，作为读书的火炬，继续在沙头角图书馆燃烧，并能够推而广之，为普天下读书的孩子们送上一片光明。

（2012年10月）

“十批”是否好文章

郭沫若

知晓及阅读郭沫若的名著《十批判书》，是缘于“文革”后期流传的“最高”的那句名言：“十批”不是好文章。我一直不大相信此句所出的那首律诗真的是“最高”的手笔，因为此诗直白浅陋，且不合韵律平仄，不类作者其他有旧学功底的诗词。但诗中表达的批贬孔子、肯定秦始皇等思想，则毫无疑问是当时的“主旋律”。

在这种形势下能读到《十批判书》，恰如古人所言“雪夜闭门读禁书”，颇有快哉之感。作者大气磅礴，才气逼人，两千多年前的历史事件和人物在笔下纵横驰骋，指点评说，收放自如。当时我只有十几岁，“文革”失学，本不知学问为何物，甚至不清楚先秦、春秋、战国的历史概念，但从中懵懵懂懂地感受到了史学、史家的无穷魅力。由此，我又陆续读了《甲申三百年祭》《青铜时代》《中国古代社会研究》等郭沫若的史论著作。我曾幻想，有朝

《十批判书》

一日能够有这样的学问，写出这样的文章。回想起来有点儿“自恋”的是，早在思想解放之前多年，我就率先冲出了“两个凡是”的樊篱，认定：“十批”，乃是好文章！

《十批判书》于我，如同初恋令人难忘，尽管时过境迁，已渐渐淡忘了书中的内容，尽管日后又读过许多名家名著，但当年该书给我带来的吸引、震撼、折服之感，却每每不能忘怀。后来我逐渐知道，郭沫若其人其文有着诸多不光彩的地方，如吹捧“最高”：难怪阳光是加倍明亮，机内和机外有着两个太阳！吹捧斯大林：永恒的太阳，亲爱的钢！着实令人无法恭维。但我依然认为，郭沫若的史学论著，至少早期出版的史学著作，其学术价值还是无法抹杀的。

大约在20世纪90年代，我偶然读到海外学者余英时《〈十批判书〉与〈先秦诸子系年〉互校记》，大为吃惊，原来一代名著《十批判书》竟是剽窃抄袭之作！初看似乎令人难以置信，但读后却不得不信服余氏经过严谨互校后得出的结论：《十批判书》对《先秦诸子系年》的抄袭，“不仅是资料的，而且还是见解的；不

余英时

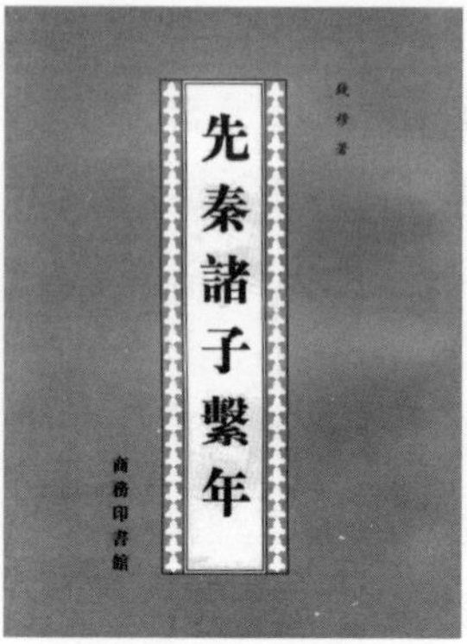

《先秦诸子系年》

仅是部分的、偶然的，而且还是全面的、根本的。”据余氏自述，此文原题《郭沫若抄袭钱穆先生著作考》，于1954年发表于香港，1991年改为此名重新发表。修改稿删改了一些轻佻、刻薄的语句，归于平实，为的是要表明：“我这篇文字有没有学术价值是另一回事，但绝不是政治宣传。”读毕信然。这样一来，我的感觉好像是又重新回到“两个凡是”的樊笼之中了：“十批”，确实不是好文章！

令余氏不解的是，郭沫若的《十批判书》和钱穆的《先秦诸子系年》是性质完全不同的著作，前者本可以坦坦荡荡地引用后者，而不是攘窃。余氏对此的看法是，郭氏是一个完全没有学术诚实的人，因此可以对他的一切学术著作持怀疑态度。我却以为不尽然。20世纪三四十年代之际，在郭沫若等“马克思主义史学家”们看来，钱穆是个食古不化的旧式史家和前朝遗老。翻检《十批判书》，章太炎、梁启超、冯友兰，甚至胡适，都曾被作者赞扬、引证或驳斥，这些人虽分属不同的政治阵营，但均属作者认可的“新派”学者，唯独不屑与“主流”之外的钱穆为伍，因而虽引用其大量成果，却只字也不能提，以免“跌份儿”。确信我的推论更接近郭沫若当时的想法。

一代名著，一桩公案，都值得我们读一读《十批判书》。同时，诸君如果阅读钱穆《先秦诸子系年》有难度的话，不妨看看余英时的《〈十批判书〉与〈先秦诸子系年〉互校记》。前者现行的版本很多，在郭沫若的全集、选集中也多有收录；后者在大陆出版物中刊载不多，我手边的是余英时著的《钱穆与现代中国学术》，广西师范大学出版社2006年出版，上文中的引述亦出于此。

读读这些书，为的不是孰是孰非，而是因为读书的乐趣就在于此。

（载《深图通讯》2008年第3期）

深浅阅读谈

我不认为阅读的“深”与“浅”和文献的载体有什么直接联系。从历史上看，人类几乎使用过一切可以用于记载图文的介质，如竹、木、绢、石、草、叶、泥、青铜、陶瓷、兽皮等，直到后来才普遍使用纸张。在这些演变过程中，人类的文明不断发展繁荣，曾谱写过光辉的篇章。而后来之所以选择纸作为文献载体，原因在于其廉价易得，不是因为使用它就会显得多么“深”。

在我幼年的时候，我祖父辈的一些老人很看不惯简体横排的书刊，因此断言我们这一代为此将变得没文化，“数典而忘其祖”。时至今天，尽管我不够争气，无法光耀门庭，但我们这一代人整体上并没有因此而变得比上一辈更加没有知识和文化，文明依然以新的形式得到传承，还是可以面对祖宗的。现在每当我听到一些人对年轻人偏爱电子阅读横加指责时，就会想起幼时听到的这些杞人之忧。我相信，即使有一天纸质文献真的消亡，电子文档独步天下，天也塌不下来。

但是，当今社会上肤浅、浮躁的阅读之风是确实存在的，这确实令人担忧。匡正学风，引导阅读，这也是图书馆人的社会责任。

什么是阅读的“深”与“浅”？这个问题恐怕10个人会有20个

藏书阁

答案，不仅因人而异，而且每个人的看法也因时、因地而变化。我们且撇开个性化的或囿于某个学科的阅读观，从图书馆或文献集合的角度，可以这样看：全面、系统、整体地掌握文献，就是深入阅读。这里姑且不够严谨地将之称为“文献意义上的深入阅读”吧。

稍具常识的人都会明白，从事任何形式的系统学习或专门研究，其前提都是要充分掌握文献，亦即常言所说的“站在巨人肩膀上”，概莫能外。人们至今还在传颂著名史学大家陈垣先生的故事。当年，老先生为研究《四库全书》，“蛰伏”在故宫文渊阁数年，逐篇逐页地将浩瀚的《四库全书》过手核校，其成果至今

陈　垣

仍是最权威的。他成功的诀窍，就在于做足了研究“原始文献”和“一手材料”的功夫。相形之下，那些不具备文献意识和文献功力的浮躁之徒，包括每年几百万字的“学术奇迹”创造者，从天而降的“国际先进水平”科学家，满天飞办讲坛做报告的“著名大师”，不过是些“刘项原来不读书”之流。

在当今社会，有谁会提供这种文献意义上的深入阅读呢？只有从事文献系统收藏和文献专业提供的图书馆。或者说，只有在图书馆里，才能真正实现文献意义上的深入阅读。其他途径，如书店、私人收藏、互联网等，都难以完全履行这一社会职能。当然，今天的图书馆，不再仅仅是《四库全书》之类传统文献的收藏场所，也不再应用陈垣先生式的文献利用方法，各种数字资源已日渐成为馆藏主流，电子文献检索和电子阅读、移动阅读等越来越多地成为图书馆读者的选择。但是，图书馆作为社会文献收藏和利用机构这一基本性质没有变化。在当前及可以预期的未来，还没有其他社会机构可以取代图书馆来满足全社会深入阅读的需求。图书馆要义不容辞地承担起这一社会责任和历史使命。

作为图书馆，尤其是公共图书馆，不应排斥任何一种阅读方式和任何一个读书人。深读浅阅，儒者丐者，都要一视同仁，这一向是我们的宗旨。但是，这样做并不意味着图书馆应该对社会所有阅读行为都采取听之任之的态度。对于需要全面、系统利用文献的深入阅读者，图书馆应提供充分的文献资源保障和便利的文献检索及利用途径；对于一般性阅读者，图书馆也应想方设法让他们多读书，引导他们读好书，不断提高他们的阅读水平和文献利用能力。我们这样做，小到实现图书馆自身的社会价值，大到推动社会发展、经济繁荣、科技进步、文化昌盛，进而提高全民族的文化素养，都是功德无量的。

（载《图书馆报》2011年4月22日）

“读书表格”二则

2013年7月，深圳少年儿童图书馆为举办“深圳读书月”活动，发起了“百人百书——100个深圳人的100本书”活动，我也有幸收到一份表格，成为“百人”中的一员。少儿馆同仁殷勤叮嘱，自然不敢怠慢，如期交卷。其中“表2”为“我的阅读故事”，共有两栏：一、我的阅读与人生：请简要说说您的阅读与人生关系的故事；二、影响我人生的一本书：选出您最喜欢，或最想推荐的一本书，说说您与这本书的故事。于是有了这两篇填写在读书表格上的文字。

一、我与《红楼梦》（我的阅读与人生）

说起我的“阅读与人生”，就不得不提到《红楼梦》。但我并非指《红楼梦》就是我的最爱、真爱，或“人生影响最大”，读这本书甚至也不是出于我自己的意愿，而是那个扭曲的时代带给我的人生烙印。

在我初能读书之时，爆发了那场“史无前例”，家中的存书全部被损毁，整个社会也进入了“书荒”的年代。17岁那年，我被下放到河北省广宗县做知识青年，饱尝了肚皮与精神双重饥饿之苦。我们一伙精力旺盛的少年人，就像是到处觅食的老鼠，把当

《红楼梦》(1973年版)

时能找到的有文字的东西全部都啃遍了。其中一本发烂又缺页的县志，现在想来大概是清代同光年间的雕版刻本，我们多次翻阅，以致清楚无误地了解到该县自古以来一共出了多少位几十年誓不改嫁的贞节烈女。

突然间天降甘霖，传来“最高指示”:《红楼梦》要读五遍。为此，县知青办给我们知青点发了一套《红楼梦》，记得是人民文学版，繁体竖排，四卷本，李希凡写下的长长序言。我们如获至宝，用当时最好的牛皮纸包上了书皮，放在知青队长的抽屉里，大家轮着看，谁也不能私下占有。

后来才了解到，“最高”在“文革”期间曾对大军区的一位黑脸庞司令谈话，要他读5遍《红楼梦》，以免“随陆无武，绛灌无文”。一想到这位赳赳武夫，捧着缠绵悱恻的才子佳人书啃读的情景，堪比张飞绣花，就忍俊不禁，实乃绝好的漫画题材。

不知道这位黑脸司令到底读了几遍《红楼梦》，反正我读了绝不止5遍，大为解渴。对书中的人物、情节，乃至诗词歌赋，至今都记得清清楚楚，出口成诵。尤其是其中的诗词，堪称是我旧体诗词的启蒙者。我不仅可以轻松背诵《金陵十二钗》《好了歌》《葬花词》《芙蓉女儿耒》等名篇，还能通篇默诵76回中黛玉、湘云的联句，74回中群芳填写的《柳絮词》等。当时除了一本已经翻烂的《新华字典》，没有别的参考书，难免读出不少错别字，以致后来还要下很大功夫纠错，至今也不知道是否把错误全部都改正了。

很久之后才明白，人生少年时是最佳的读书时期，那个时候读过的东西可以铭记终生。拜“最高”和黑脸司令所赐，熟读了《红楼梦》，算是对文化修养有裨益的好事吧。《红楼梦》也确实是部好书，莫说5遍，百读也不厌的。后来读过的许多书，包括下功夫仔细研读的，均不及《红楼梦》这样，有着刻骨铭心、潜移默化的作用。

与人谈论《红楼梦》时，总有人夸赞我的“学问”，偷着乐之余，也不免苦笑。在本该书山览胜、学海泛舟的年纪，我却捧着一本《红楼梦》过日子，奉旨读5遍，无异于是一场悲剧。我们这一代知识分子，大多有“上限”难以突破的苦恼，其根源在于少年时代教育的缺失。

对少儿读者，本该讲些读书励志的话，例如因阅读某一本佳作而走向成功的人生故事，很遗憾，我真的没有这样的经历，不能对孩子们打诳语。作为图书馆从业者，少年时的阅读经历造就了我的职业理想，那就是毕生追求“天下万世共读之”，永远不再有“书荒”的黑暗年代，让普天下的读书人都有书可读，让普天下所有的人都爱上读书，尤其是孩子们，要让他们在阅读中快乐成长。

二、“珍珠翡翠白玉汤”与“半部论语治天下”（影响我人生的一本书）

对于这个题目，我迟迟未能交卷，并非懈怠，实乃无辞以对。

这世上真的会有如此不可或缺、对人之一生一世影响至关重要的书吗？我对此持质疑态度。如果确有人推出这样的书，恐怕也是此书的阅读者平日不大读书，或是涉猎甚少的缘故。

这就如同进食，小孩子会毫不犹豫地说出最喜欢吃的是什么，但我们这些曾遍尝各种食物的成年人会很难说出自己的最爱。实际上，这个世界上恐怕没有“最好吃”“最爱吃”之类的东西。对于一个人来说，印象最深、没齿难忘的食物也许会有，但那往往是幼年时或饥饿时的错觉。

刘宝瑞先生有个脍炙人口的相声段子，说的是朱元璋打天下时，曾受赠于几个叫花子的一顿饭，乃是糊饭粒、烂菜叶和馊豆腐，煮在一起号称“珍珠翡翠白玉汤”，朱元璋吃了觉得香甜无比。后来他成了洪武皇帝，再烹来吃，就不是滋味了。如果我们拿这道“珍珠翡翠白玉汤”作为美味佳肴推荐，岂不成了笑话？

在20世纪50年代和60年代，很受推崇的一本书是奥斯特洛夫斯基的《钢铁是怎样炼成的》。我读后也确曾深受感动，至今还能背诵其中的名句：人的一生应该这样度过……为全人类的解放而斗争。记得“文革”后参加高考，有一个题目就是“你最喜爱的一本书”，我毫不犹豫地选择了《钢铁是怎样炼成的》，并大加渲染铺陈，结果得分还不低。但现在想来，此书实在乏善可陈，除了保尔和冬妮娅的爱情描写还有些许真情之外，通篇都是非理性的狂热和愚忠，对时代的描述也多有歪曲篡改，只要读一读《日瓦戈医生》《古拉格群岛》《静静的顿河》等同时代的作品就会清楚。当初喜爱它，是发自真心的；现在唾弃它，也是应该的，因为它不过是一道“珍珠翡翠白玉汤”。

无可否认，历久不衰、令人终身受益的经典著作还是大量存在的，人类文明即赖此留存和传承。然而，即使是这些经典，我们也不应该执此一端，偏听偏信，囿于其中，作茧自缚，还是要提倡博览群书，广收博采，因为尺有所短，寸有所长，任何一家学说都有其优势和短板。举例讲，《论语》无疑是公认的伟大传世经典，历经百世而不衰，但若是相信当年北宋赵普宰相“半部论语治天下”的传说，难免就会谬以千里。

这世上没有什么“影响最大的书”，让你这辈子吃它就足够了。读书的真谛，就在于不断思考，不断扬弃，不断开掘，不断收获。这就如同我们旅行，其乐趣在于观赏那些未曾见过的新景观，山山水水，无穷匮也，而不是止步在一座“最美丽”的山头上赞叹不已，即使它真的就是货真价实的峻美高峰。读万卷书，行万里路，其理同一。我们只需要记住，无论是“珍珠翡翠白玉汤”，还是“半部”即可“治天下”的伟大经典，其实都是靠不住的，都要对之持质疑、批判的态度。

（载《高校图书馆工作》2013年第6期）

文化的身边与身边的文化

岁末年初，新桃换旧符，不管是机关、商铺，还是寻常百姓家，都在门前贴对联。于是深圳又出现了每年一度的别样景观：绝大多数的对联，上下联都是贴反了的，下至小户民居，大到煌煌商城、公共场所，莫不如此。这也算是深圳的地方文化特色。稍稍分析了一下，如果各家都是胡乱贴的，其错误概率应该是50%左右，而几乎所有对联都上下联颠倒，则肯定不是马虎，而是对文化常识的错误认定。至于对联文辞之低俗、编撰之谬误，这里且不说它。

深圳曾经有“文化沙漠”的“雅号”，特区人，尤其是文化人，深以为耻，立志争气。近年来开始有了些底气，说起话来豪气干云：特区人民已经把“文化沙漠”的帽子抛进了南海！此说当然有道理，深圳近年大量兴建文化教育设施，水平超前，我所供职的图书馆即可号称一流。但是也不尽然，譬如贴对联，我原来居住的北京，贴的对联就绝不会有这么多贴反的。

这种文化底蕴匮乏的现象非对联一宗。敝宅门前有个杂货铺，匾额甚大，上书“陈仕士多店”。看来店主姓陈，当属陈氏，但写作“陈仕”，就不知道其官居几品，也不知偌大官身何以下基层开铺子。“士多”一词最早见于香港，是英文store之音译，意即商店，常有“××士多”的招牌。尽管不够规范，但作为外来新词，不妨一用。但“士多店”实在是不通，店主虽贵为“仕”，却显然没有明白“士多”的意思。至于街面上随处可见的英文招牌、英文译名，更是错得离谱，画虎不成反类犬。看来，文化那些事儿，属潜移默化之功，绝非领导会议一开，专项拨款一到，就会立竿见影的。

文化现象，林林总总，并非只体现在升斗小民身上。日前，深圳隆重为某位退休首长举办“印为心造——×××篆刻艺术展”，敝人有幸躬逢其盛，并代表图书馆接受了首长馈赠的著作。首长儒雅博学，多才多艺，和颜悦色，谦谦君子，以普通艺术爱好者自居，令人敬重。再看看那些在首长身边前呼后拥的大小官员，懂与不懂，都众口一词地啧啧夸赞首长的作品，更衬出首长人品格调的难得。

展览仪式中有一项内容，是演唱首长谱写了曲子的郭沫若诗《鉴真东渡》，显示出首长多方面的才情。郭沫若的原词是：“鉴真盲目航东海，一片精诚照太清。舍己为人传道艺，唐风洋溢奈良城。”而首长将原诗的“盲目”改为“目盲”，并解释说，“盲目”有认识不清、没有目的、轻举妄动的意思，而改为“目盲”，就符合鉴真和尚双目失明的情景了。对此，大小官员一致交口称赞。

首长无疑是好意，但却忽略了一个文化常识：旧体诗词是要讲求格律的。具体到《鉴真东渡》，盲目之“目”，此处必须为仄声。这点，凡是稍稍涉猎过诗词格律的都会清楚，无需多说。显然，郭沫若是按照规矩行文的，而修改此诗，就不能忽略原作者遵循这些诗词格律的基本要求。其实，同样意思的修改，在符合格律的框架下可供选择的还是有的，如“瞽目”“目瞽”“失目”等。

也许有人认为没有必要这样因循守旧地苛求现代人的作品，

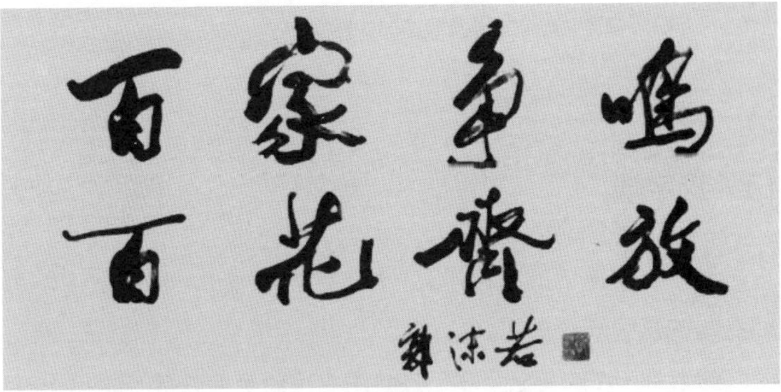

郭沫若书法

我亦以为然。但我们面对的是前人业已完成的诗作，而且是严格遵循格律写成的，要做修改订正，至少也要先搞清这些格律应该是什么样的，再决定改不改、如何改。没有理由对这位理工科出身的首长求全责备，但对一致叫好的“群氓”却感到悲哀，也为只能听到谄谀之词的首长感到遗憾。

我自己揣测，这些簇拥在首长身边的人们，大概有三类：一是确实不懂的，人云亦云，跟风喝彩；二是懂得一些旧体诗词格律的，毕竟现在官员的学历都不低，却奉“领导总是对的”为圭臬，不动声色，随声附和；三是像我这样的，也明白，也想说，却可怜兮兮地想着“贾府里的屈原”焦大的悲惨下场，怂怂、怯怯、弱弱，不敢当场败兴。

写下这篇小文后，异想天开，希望有朝一日，让居庙堂之高的首长和处江湖之远的“陈仕”们，都能沐浴文化的阳光。

（2011年1月）

门外汉字谈

写了一些身边的文化事儿，有人说我较真儿，现在索性就再和身边的汉字较个真儿。

缘起是这样：临近年关，公共图书馆研究院决定给各位研究员发个贺卡，因为其中很多人是海外人士，就决定使用繁体字。几位青年馆员忙活了几天，制出贺卡，我一看，不得了：王余光成了“王餘光”，范并思成了“範并思”，这无疑是电脑文字简繁转换造成的。忙不迭地纠正、批评，庆幸没有铸错，却不由得心生“腹诽”：这二位的大名也真是的，不是诱导年轻人犯错误吗？瞧人家李超平的名字多好，咋写咋转换都不会出错！

其实最成问题的就是我的名字，也不知多少人会一边敲键盘一边咬牙切齿，怪之怨之谤之。自小就听讲授古典文学的父亲讲解，“晞”的出典是《诗经·齐风》中“东方未晞，颠倒裳衣”，很雅、很有学问的。但老人家不曾料汉字会进入电脑时代。起初的GB 2312字库没有此字，害得我现造现用。我可以造字，别人却不肯做仓颉，搞得凡是收录我名字的数据库，也包括护照、存折、机票等，名字不是空白，就是错字。后来有了GBK，按说问题已经解决，可总是有人不会用、不肯用。一次出境，边检人员嫌麻烦嘟嘟囔囔的，惹得我一通发作：香港、澳门、台湾地区，以及新加坡，也是用汉字的地方，我从没有遇到过什么问题，你们怎么就这么差劲！事后也觉得怪没意思，事涉文化、技术双重问题，与这等小警察实在不相干。

古代文字：石鼓文

搬出这个例子，并非“拉大旗作虎皮”来糊弄人，而是有许多切切实实的体会。我们和港澳台地区同胞，以及新加坡、侨居国外的华人，所使用的汉字是分繁简两个不同的体系，却也是一个永无休止的共同话题。图书馆诸多业务问题与此相关，讨论也就更多、更热烈些。台湾同仁对简化字似最反感，其中不乏一些“较真儿”的，如有人一口认定简体字是“文革”的产物，与“破四旧”一样毁坏了中国传统文化。于是，我就和他们有了许多探讨、争论，有面谈，有邮件，时间不一，对象大多是图书馆同行。本文内容就大多来自这些讨论。文字学旧称“小学”，内容博大精深，我这等人连“望门墙”的资格都没有，不过是作为汉字使用者和图书馆工作者的一些门外之见。故照搬迅翁《门外文谈》开篇的一句话：“恐怕也终不过是一个门外闲人的空话罢了。”

汉字改革与“文革”无关，首倡者也不是我党我军，早在20世纪二三十年代就有此议，其中有不少文化巨匠，如蔡元培、鲁

古代文字：金文（毛公鼎）

迅、郭沫若、茅盾等。但是到了50年代初期，对传统文化，包括汉字的看法开始走向偏激、极端。斯大林曾亲自过问中国的汉字改革，批评到访的宋庆龄、郭沫若说：你们舍不得丢掉汉字。1951年，“最高”有云：“文字必须改革，要走世界文字共同的拼音方向。”那位当年的古文字学家、后来的“文化班头”郭沫若断言，今后汉字就会像甲骨文、金文一样，成为少数专家才懂得的文字。还有人提出，外交上“一边倒”，文字上也要和苏联结盟，因此汉字拼音化要采用斯拉夫字母，就像蒙古建国后出台的新文字那样。不要嘲笑前人的局限，要知道这些意见都是当时的潮流，如同现在有人提出要给图书馆做“尸检”一样，很时髦的。幸亏还有一些“非主流”的脑未残者，悄悄地让过激的汉字改革进程打了个折扣，折中的方案就是作为文字改革的第一步，出台了《汉语拼音方案》和《简化字总表》。值得庆幸的是，拼音采用的是拉丁文而不是斯拉夫文。

《汉语拼音方案》本是作为“汉字拼音化”这个荒谬目标的第一步而出台的，但出人意料地取得了成功。现在，汉语拼音已经成了中国人识字、外国人学中文的不可或缺的工具，是中西文化沟通的桥梁，也是电脑汉字输入的主要渠道之一。成千上万的汉字，也连同我这篇小文，就是通过拼音变成数码的。“国际标准化组织”(ISO)1982年确定汉语拼音为国际标准，现在联合国各机构和几乎所有的国际组织，其中也包括IFLA等国际图书馆组织，都采用汉语拼音作为汉字人名、地名和音译的标准。在这点上，海外鲜有争议。台湾同行也都承认，汉语拼音比“韦氏拼音”(Wade-Giles Romanization)更合理，而台湾通行的“ㄅㄆㄇㄈ”的注音符号则没有连接西方语文的功能。在中国内地和台湾一些历史悠久的图书馆中，都会见到一些遗存的韦氏拼音卡片，比较一下，优劣立见。

但简化字就不同了，从其问世起就争议不断，国内如此，海外更甚。作为自小习用的“母文字”，我也曾积极为简化字辩护。经常对台湾同仁举的例子就是“臺灣”两字，因实在太繁，连他们自己也经常在非正式场合中写作简体。在手写的时代，若是要几亿人民都这样学写汉字，不知要增加多少文盲。

但必须要承认，简化字是有着严重缺陷的。像我这样自小受简化字教育的，直到老大不小，才发现不会读写繁体字是多么不

雕版印刷

成话。于是就像小学生习字一样，照着《简化字总表》，将繁体字每字一行抄写了一遍，才算勉勉强强掌握。这样的汉字改革，到底是简化了，还是给我们添了更多的麻烦？

毕竟不大可能要全国人民都用我那样的方式学习繁体字，于是依靠电脑相关功能转化繁简字就成了多数人的选择，图书馆尤其如此。这样就使得许多简化字不合理的问题更为凸显。譬如，“后”和“後”本是完全不同的两个字，简化字合二为一，就到处出现“皇後”“皇天後土”字样，谬以千里。前文中提到的“王餘光”“範并思”，也是这样的问题，总不能要所有人的名字都像李超平这样有水平，能以不变应万变。

最为人诟病的还是简化字中诸多文化涵义的流失。不能总是褒贬王余光、范并思、李超平，还以我自家的姓名说事儿。据《史

记·吴太伯世家》记载，古公亶父之子太伯和虞仲为避位出走，开发江南吴地，始有吴氏。但吴氏族人还有个说法，吴氏祖先原为猎人。“吳”是象形字，恰如一人，一只手高扬，一只手叉腰，两腿稳站，张“口”呼喊：“嗨，这里有兔子呀！”虽然此说“文献不足征也”，但我相信这个富于浪漫色彩的说法是有来由的，因为遍查籀文、金文、小篆、隶书，“吳”字形状都没有大的变化。而现在的简化字“吴”，为口和天构成，口张得天一样大，岂不是成了吹牛大王！祖先的雄武英姿，后辈的浪漫传说，都荡然无存了。为此，凡是私人信函，以及手书，我都坚持用繁体署名，似乎这样才能保存祖先当年英勇狩猎的基因。

多年来和海外同行谈了很多关于汉字的问题，却很难在这篇短文中将如此复杂的话题用生动有趣的方式说清楚，毕竟人在门外，技止此耳！小子不知天高地厚，妄言大事，谢罪之余，只有一个愿望：有朝一日，海内外携手，去芜留菁，师古存今，编撰出一套合理、简明、实用，既符合中华文明传统，又适合现代信息应用的汉字方案，庶几可以对得起列祖列宗和后世儿孙，也可为繁衍数千年的汉字文明开辟出一片新的天地。

（2011年1月）

叶德辉：其学，其人，其死

叶德辉

叶德辉（1864-1927），字奂彬（也作焕彬、奂份），号郋园，又号直山。祖籍江苏吴县，后迁居湖南。叶德辉一生历经清同治、光绪、宣统三朝以及民国初期，参与或见证了近现代史上许多大事，在政治、经济、文化方面都有一定影响。叶德辉在政治上以“顽固守旧”著称于世。戊戌变法时期，他以“扶世翼教”为己任，对康有为的公羊学说进行了不遗余力的批驳，由此名动天下，成为晚清“翼教派”之领袖。袁世凯酝酿复辟帝制时期，叶德辉曾任筹安会湖南分会会长，并积极响应袁世凯政府有关尊孔读经的号召，成立湖南经学会。1927年北伐战争时期，湖南农民运动高涨，叶德辉不满于时事，戏作对联，极尽讽刺之能事，最终作为湘省著名的土豪劣绅而遭到镇压。①

① 张晶萍. 叶德辉生平及学术思想研究[M]. 长沙：湖南师范大学出版社，2008.

上面这段文字转录自张晶萍著的《叶德辉生平及学术思想研究》一书之开篇。之所以原文照抄，是因为今人所有的关于叶德辉生平及评价均大同小异。如果是20世纪中后期出版的文献，还会有保守反动、敌视进步、劣迹昭彰、与革命人民为敌、罪有应得等政治评语。

其实这些评介远不如叶德辉自己在年届60岁时所写的文字来得生动传神：

天子不得臣，国人皆欲杀，海内诵其著述，遐荒识其姓名。①

叶德辉这番夫子自道式的表白，不仅仅是出于自负与狂悖，也确有其值得炫耀的学术资本。

在叶德辉的时代，亦即民国初年，世称“旧学”代表人物的有章太炎、王国维、罗振玉和叶德辉四人②。但细论起来，叶德辉的学问和影响，不仅和其他三人相比有差距，也略逊于与其同时代的先辈同乡王先谦。叶氏的优长，在于其作为藏书家、目录版本学家、出版家的卓越成就，可谓一时无人出其右。在图书馆学的发展历史上，叶氏是一个绕不过去的人物，几代图书馆学人都曾受惠于其学术成果。

叶德辉在藏书和目录学方面的著述主要有《书林清话》《书林余话》《藏书十约》《观古堂藏书目》《郋园读书志》等。其中最

---

① 叶德辉. 郋园六十自叙[M]. //张晶萍. 叶德辉生平及学术思想研究. 长沙：湖南师范大学出版社，2008：1.

② 胡适. 胡适日记全编[M]. 合肥：安徽教育出版社，2008.

负盛名是《书林清话》。该书写于清末，刊行于民国初（1920年），用传统的笔记式文体介绍了古代雕版书籍的各种知识。由于该书是作者在其丰富藏书的基础上写就的，故旁征博引，翔实有据，见地深刻，妙笔生花。记得笔者在20世纪80年代初读此书，即爱不释手，反复读之不厌。当时所供职的北京大学图书馆仅收藏有一册1957年的版本，是古籍出版社根据长沙观古堂本整理出版的，旧式标点，繁体竖排；因系库本，不得外借，于是一有闲暇就做笔记抄录，最后竟将全书差不多都抄了下来。以笔者涉猎所及，迄今为止各种关于书史的著述虽多，但仍无逾越此门墙者。叶氏本欲在此基础上，援引史书中《货殖传》之例，写一本《书林传》，惜未成书，[①]令人扼腕。

《书林清话》

著名学者、藏书家、京师图书馆首任监督（馆长）缪荃孙曾这样评价《书林清话》：

焕彬（叶德辉）于书籍镂刻源流，尤能贯串，上溯李唐，下迄今兹，旁求海外旧刻精钞，藏家名印。何本最先，何本最备，如

① 张承宗.《书林清话》与书史研究[J]. 史学史研究，1984（4）.

探诸喉，如指诸掌。此《书林清话》一编，仿君家鞠裳之《语石编》，比俞理初之《米盐簿》，所以绍往哲之书，开后学之派别，均在此矣。[①]

此言出自权威学者，也是学术界的公论，向无异议。叶氏之学术贡献，非止《书林清话》一端，其在旧学研究上的其他成就，后人亦多作积极评价，且鲜有争议。

有争议的是叶德辉的为人。“文如其人”之说，与叶氏的治学文章似无关系，只适用他那些嬉笑怒骂的文辞。叶氏自己所言的“谤满天下”“国人皆欲杀”等语，并非都是自嘲虚张之词。时人多持“其人实无可取”之评[②]，就是对叶氏之学术成就多有夸赞的章太炎也感叹：“如此好学问，甘作谯周，何欤？”“终以读书种子为可惜”[③]。至于来自各方的诋毁谩骂之词，如不庄、惯痞、湘潭大痞叶麻、为富不仁、土豪劣绅等，就数不胜数了。

叶德辉毫无疑问属于旧式保守派人物。叶氏自号“郋园”，其书斋号“观古堂”，就是其笃守儒学的注脚。“郋”（xī）是春秋时儒学发源之地汝南召陵里，又是古文经学家、文字学家许慎的故里。而“观古”则取自《大戴礼记》中“以观于古”之义[④]。清光绪

① 叶德辉. 书林清话（插图本）[M]. 李庆西标校. 上海：复旦大学出版社，2008.

② 谢国桢. 丛书刊刻源流考[M]. //张晶萍. 叶德辉生平及学术思想研究. 长沙：湖南师范大学出版社，2008：187.

③ 章太炎. 复叶德辉书[M]. //张晶萍. 叶德辉生平及学术思想研究. 长沙：湖南师范大学出版社，2008：185.

④ 叶德辉. 郋园字义说[M]. //张晶萍. 叶德辉生平及学术思想研究. 长沙：湖南师范大学出版社，2008：185.

十八年（1892年），叶德辉考中进士，被授吏部主事之职，但两年后却辞官归里，自此不再出仕，以经商为生，以学术为志业，表现出浓厚的文化情怀。为治学业，甚至不惜弃官，这在当时是特立独行之举，即所自谓的“天子不得臣”。而世事巨变，叶德辉成了前朝的“文化遗民”，于是守望传统文化就成为他赋予自己的人生使命。其一生的学术活动，包括著述和刻书，也都是为了笃守传统旧学这一目标。

叶德辉的人生观、文化观、学术观，本无所谓正确与错误，只是错在他生于一个以革命为风尚的年代，错在叶氏不合时宜的言行。叶德辉生性狂狷，一派名士作风，目中无人，孤傲自矜，不拘小节，口无遮拦，结果就如他自己所喟叹的：“九死关头来去惯，一生箕口是非多”①。这里且不管叶氏一生林林总总的“是非多”，仅看看他在“九死关头”的几番遭遇。

戊戌变法时期，湖南是推行改制最激进的省份。叶德辉时年30余岁，挂印归乡，志得气盛，挺身而出，成了反对改革的“旧派”领袖，也由此被推到近代历史舞台的中心。受叶氏影响颇大的“翼教”之说就是此时出笼的。身为臣子的叶德辉，当时并不敢明目张胆地反对皇帝变法和湖南巡抚陈宝箴推行的新政，只是把矛头指向康有为的今文经学和梁启超的时务学堂，即所谓“扶世翼教”，却依然险遭不测。当时康梁曾请旨（叶氏的说法是“矫旨”）杀叶德辉和王先谦，只因下旨后仅仅两天变法就失败了，才

① 郭旭. 叶德辉在近代中国的命运[J]. 贵阳文史，2009（4）.

侥幸保住性命。[①]

辛亥革命爆发，湖南光复，叶德辉因其前清余孽的恶名，再次陷入危险之中，不得已逃出长沙，避乱山中。此时身为革命元勋的章太炎却出面帮助了他，及时致电湖南革命军："湖南不可杀叶德辉。杀之，则读书种子绝矣。"[②]叶氏由此将章太炎引为知己。

乱后返回长沙，已是民国天下，叶德辉万念俱灰，一度想剃度为僧。但不久却又故态重萌，卷入了轰动一时的"坡子街事件"。民国元年（1912年）10月，革命元勋黄兴返长沙，受到故乡人民的热烈欢迎。湖南政府为表达敬意，提出将长沙坡子街口的德润门更名为黄兴门，将坡子街更名为黄兴街。这下触到了叶德辉这个"前朝未死人"的痛处，因为他的住宅和店铺就在坡子街上，这令他无法容忍。尽管黄兴很快就致函婉拒，两处地名也恢复了原称，叶德辉依然不依不饶。次年5月，他写了《光复坡子街地名记》，到处散发，文中嬉笑怒骂，将黄兴比作"妇人女子""鸡公鸭婆"，极尽攻讦。[③]新政府震怒之下，借故将叶氏抓捕，后其由地方商人保出，不得已逃往武汉，后到上海。

叶德辉在上海客居了半年，于1913年下半年回到长沙。由于禀性难移，讥评时政，又卷入了与湖南新都督汤芗铭的冲突，再次

① 叶德辉. 答友人书[M]. //张晶萍. 叶德辉生平及学术思想研究. 长沙：湖南师范大学出版社，2008.

② 叶德辉. 两知己诗[M]. //张晶萍. 叶德辉生平及学术思想研究. 长沙：湖南师范大学出版社，2008.

③ 程千帆，杨翊强，叶德辉. 光复坡子街地名记补注[J]. 中华文化，1996（1）.

有性命之忧。汤氏性情暴虐，滥杀无辜，素有“汤屠夫”之名，还随意更改币制，导致商家纷纷倒闭。叶德辉见此，挺身而出，为民伸冤，写信给杨度，要其转呈给总统袁世凯。不料《亚细亚报》报馆见到此信，欣赏“其文之峭厉”，自作主张刊发。汤芗铭见文大恨，遂起杀心，将叶德辉抓捕。幸亏朋友们相助，紧急到北京陈情，黎元洪、徐世昌、徐树铮、叶公绰、李燮等北洋政府大员和各界名流纷纷致电湖南政府相救，就连当年欲杀叶德辉的梁启超、熊希龄也出面声援，叶德辉才再次逃过了一劫。

1927年，大革命风暴席卷南中国，北伐军攻占湖南，被叶德辉等辈斥之为“痞子运动”的湖南农民运动风起云涌。这次叶德辉在劫难逃了。4月10日，叶德辉被农民协会捉拿。第二天，即4月11日，距国共分裂的标志事件“4·12事变”仅有一天，叶德辉经“湖南人民第一次铲除反革命分子示威大会”公审，判处死刑，当天下午执行。据其子叶尚农事后在叶德辉的日本弟子所办的《辽东诗坛》上所述：“（叶德辉）身受两枪，一中头部，一中心部，是遭惨死。”①

至于叶德辉为什么会被镇压，世传有两个原因。

一是说叶德辉为农民协会戏作了一副对联：农运宏开，稻粱菽麦黍稷，尽皆杂种；会场广阔，马牛羊鸡犬豚，都是畜牲。横批是：斌尖卡傀。上下联首字是“农会”，把农会骂作杂种、畜牲。横批四字的意思是：不文不武，不小不大，不上不下，不人不鬼。文字可算尖刻恶毒，极尽辱骂之能事。这副对联将“叶德辉风格”发

① 王雨霖. 辽东诗坛[J]. 书屋，2006（1）.

挥到了极致，也让叶氏的人生走到了尽头，成了他被抓的导火索。

二是说叶德辉曾欺辱一乡村少女，后来此女参加了革命，将其劣迹告到了省党部，于是要处死叶德辉，讨回公道。这一喜儿式的故事似无实据，但叶氏好色却是不争的事实。叶氏曾纳妾六房，经常到长沙的青楼妓馆寻欢，还喜好男色。即使在当时多妻制的文化下，叶氏的这种行径也属"不端"、私德不淑。叶氏还刊刻了《双梅影暗丛书》，收录了多种讲"房中术"的"淫书"，曾惹得非议四起。一向厚道的周作人谈到叶氏被杀一事时说：袁世凯称帝时，叶德辉为其选秀女，征了50名十五六岁的少女送宫，却自己"先都用过了"；后来秀女中有人成了农会干部，叶氏自然不免一死。①可见时人是确信这一说法的。

现在有研究者认为：以上二说俱属奇谈，并无确证。理由是当年叶德辉不是像有些"土豪劣绅"那样被农会处死的，而是经"湖南省审判土豪劣绅特别法庭"审判后明正典刑。法庭列出的五点罪证是：1. 戊戌变法时残杀革命人士，为内幕主张之人；2. 充当（湖南）筹安会会长，促袁世凯称帝；3. 主张赵恒惕接受北京政府任命；4. 发表封建文字，做反动宣传；5. 为省城著名反动领袖及著名土豪劣绅。这些罪状均与传说中的写对联和欺辱妇女无关。②

这五大罪状，都是些说不清道不明的历史旧账和似是而非的政治帽子，似义正词严，多查无实据；即使是件件属实，也罪不至死。唯一的解释只能是当时盛行一时并压倒一切的革命暴力。倒

---

① 钟叔河. 周作人散文全集：第10卷[M]. 桂林：广西师范大学出版社，2009.

② 谭伯牛. 叶德辉之死真相[N]. 南方周末，2007-03-27.

是当时身为湖南农民运动领袖又兼任特别法庭审判委员的易礼容说到了点子上：

一般土豪劣绅，他的地位，简直是从农协成立之日起，就宣布了死刑！“有土皆豪，无绅不劣”，这首对联何等精当！现在农民已处罚的土豪劣绅，哪个是冤枉的？总之，革命是不能客气的，不能用请客吃饭的手腕，那是与虎谋皮。所以，这时期是农民革命的时期，恐怖是意中事啊！①

此言极好地诠释了毛泽东在《湖南农民运动考察报告》中那一句著名的警句：“革命是暴动，是一个阶级推翻一个阶级的暴烈的行动。”②照这样的逻辑，叶德辉不死，倒是天理难容了。

虽然当时杀掉“土豪劣绅”是常见的事，但由于叶德辉的学术成就和名气，他的死还是引起了不小的轰动。惋惜者有之，如章太炎、黄兆枚和叶氏的日本弟子；更多的是称“好得很”，说叶氏是找死，自取之道，罪有应得，死有余辜。在这一片杀声之下，一个多月后，大学者王国维决意“一死免辱”，在颐和园投水自尽，遗言是：“五十之年，只欠一死，遭此世变，义无再辱。”当时有很多人，其中包括叶氏早年的论敌梁启超，都认为王国维的死与叶德辉等绅士名流被杀而引起的内心绝望有关。③

几年后的1931年，胡适用一首白话小诗表达了他对叶德辉这

① 易礼容. 农民问题[N]. 湖南民报，1927-03-25.

② 毛泽东. 湖南农民运动考察报告[M]//毛泽东，毛泽东选集：第1卷. 北京：人民出版社，1991.

③ 丁文江，赵丰田. 梁启超年谱长编[M]. 上海：上海人民出版社，1983.

桩公案的看法：

郎园老人不怕死，
枪口指胸算什么！
生平谈命三十年，
总算今天轮到我。

杀我者谁？共产党。
我若当权还一样。
当年誓要杀康梁，
看来同是糊涂账。

你们杀我我大笑，
我认你们作同调。
三十年来是与非，
一样杀人来翼教。①

胡适的说法有误。虽然湖南农民运动是共产党发动的，但处死叶氏的是当时的湖南省政府及特别法庭，因此严格讲应该是国民党杀了叶德辉。说叶德辉当年要杀康梁，似也不符合史实。但此诗以调侃的语调，对只因思想观点和言论的对立，就要你杀我我又杀你的情景，表达了痛惜和批判，其内涵是严肃深刻的，而

① 吴小龙. 从胡适挽叶德辉的诗说起[M]//吴小龙. 细节的警示. 北京：三联出版社，2004.

非谐谑的。

这个道理，还是鲁迅说得透彻些：

革命，反革命，不革命。

革命的被杀于反革命的。反革命的被杀于革命的。不革命的或当作革命的而被杀于反革命的，或当作反革命的而被杀于革命的，或并不当作什么而被杀于革命的或反革命的。

革命，革革命，革革革命，革革……[①]

鲁迅此言写于叶德辉被杀的那一年（1927）年底，这一年有太多血写的例证可以作为此言的注脚。4月28日，距叶德辉之死仅仅10多天，同是著名学者，也同是中国图书馆史上重要人物的李大钊在北京被绞死。5月21日，国民党军官许克祥在长沙发动了“马日事变”，湖南由此从红色恐怖变成了白色恐怖。许克祥发动事变的借口之一便是“素有文名久与章太炎齐名的叶德辉”被处决[②]。

在多年之后的1968年，毛泽东也曾对叶德辉之死表达了看法。曾任中宣部副部长和中央党校副校长，也是叶氏湖南湘潭同乡的龚育之，记述了毛泽东的谈话：

毛是在八届十二中全会闭幕会上讲到杀叶德辉一事的……对

① 鲁迅．而已集、小杂感[M]//鲁迅．鲁迅全集：第3卷．北京：人民文学出版社，1981.

② 许克祥．“马日事变”回忆录[M]//叶曙明．中国1927．广州：花城出版社，2010.

于这种大知识分子不宜于杀。那个时候把叶德辉杀掉，我看是不那么妥当。[①]

由此可见，毛泽东确实反对杀叶德辉，而且这个意见并不是随意谈的，是在正式场合的讲话，当时还曾在一定范围传达。“最高指示”尚且如此，看来，叶德辉真的是枉死了。

行文至此，其言已尽，其意已明，本文对叶德辉其学、其人、其死所下的结论就显得有蛇足之嫌了：其学也可嘉，其人也有瑕，其罪也不至死。

（载《图书馆研究与工作》2011年第3期）

① 龚育之. 从叶德辉之死谈到黄兴的流血革命和胡元倓的磨血革命[J]. 中国文化，1996(2)：194.

第五章 访谈录

图书馆，公共了吗？

——《南方周末》访谈

“不敢说我们是国内最好的图书馆，但是它确实是最昂贵的。”深圳图书馆馆长吴晞说。

耗资8亿元、占地5万平方米、国际知名建筑师矶崎新设计、亮出“公共图书馆”的旗号，这些都使得深圳图书馆的新馆备受瞩目。

深圳图书馆“最贵”的称号很快就会拱手让出。计划于2008年完工的广州图书馆新馆将更大——9.8万平方米，更贵——不含征地费的纯建设费用8.4亿元。但深圳图书馆仍然在一个数据上保持领先，他们每年购书经费是广州图书馆的两倍。

8亿元的建设投资足够深圳图书馆买40年书，但2000万元的年购书预算与之前每年300万元的购书预算相比，提高了近6倍，这个数字在国内的图书馆中也显得很“富有”。

“你们馆长说免费。”

深圳图书馆新馆开张前，吴晞就放出话来：深圳图书馆要做“公共图书馆”。并不是每个人都知道“公共图书馆”意味着什么，吴晞的另一个说法就更容易理解一些："进馆可以不带钱包。"——按他的理解，公共图书馆的第一个要素就是"免费"。

7月12日，深圳图书馆新馆开张当天就有近5万人进馆。一个月后，每天进馆人数还稳定在1.3万人左右。

但开馆当天就有误会，有人跑到馆内的饮料柜台喝饮料不给钱，"他说你们馆长说这是免费的。"吴晞也觉得好笑。

吴晞说的免费，是指市民对图书馆藏资源的使用不用花钱。"我们一张借书证成本是十三四元钱，原来准备收工本费20元，后来规定10元。现在免掉了。"吴晞说。

更多人对"免费"的态度是——不相信。"很多人不信到这里可以不花钱，就不相信。"吴晞很郁闷，"他们怎么就不是理直气壮地来用这些书呢？小心翼翼地、谨谨慎慎地，过来问你一个问题。就这种心态。"

"这是我们干公共图书馆的人的耻辱，没有让人们明白公共图书馆是干什么的。"吴晞说。

吴晞认为，公共图书馆的第二个要素是"开放"——"市民不需要任何证件，不需要任何手续，都可以进馆看书。"

但辖区的派出所对此有意见，"他说，你怎么纵容三无人员呢？你不光不协助我们治安，还让大家都能进，万一有什么小偷、流氓、精神病之类无理取闹怎么办？"吴晞笑着说。开馆当天，图书馆还真丢了东西。吴晞通过监控录像，眼睁睁看着一个人将供市民无偿使用的电脑液晶显示器塞进包里拿走了。

“明显的精神病，我们恐怕得拦一下。”吴晞说。在老馆的时候，有次中央电视台的记者来采访，吴晞特意叮嘱保安维持好秩序，“结果一个人犯起精神病，一边脱衣服一边跑，几个保安都追不上。”

“你必须把他请出去，不然别人怎么读书？要是不发病在那看书，自然不会有人管他。”

在吴晞心目中，公共图书馆的第三个要素是“平等”——“不分三六九等，不分贵贱贫富，都可以享受服务。”

“有的人很不注意，穿着背心、拖鞋，穿着睡衣，就进来了。”虽然他觉得这样实在不文明，门口的“读者须知”也写着要求衣着整洁，“广东的习俗就是这样子，就不做强制性要求了。”

为了方便盲人，图书馆建了一个全国最先进的盲人阅览室。除了有盲人书籍，还有盲人专用的电脑。但开馆一月多，来的盲人不多，阅览室的门也常关着。“有盲人来了才开门。”附近服务台的馆员说。

吴晞打算跟残疾人联合会联系一下，让他们来参观，“到时人会多一点”。

深圳图书馆新馆遇到的最大争议是儿童的问题——目前这里禁止14岁以下儿童进入。

建馆的时候，深圳图书馆新馆根本就没有考虑要建单独的少儿阅览区，更没有相应的游乐设施。

刚开馆时，图书馆并没有阻拦小孩进来，结果，“孩子来了后，就成了游乐场，楼上楼下连跑带喊。”

“看书的读者非常强烈地投诉。”吴晞说，“我们只能向在馆里读书的人倾斜，尊重他们的意见。”

于是，深圳图书馆重申当年的老规矩——“14岁以下儿童谢绝进馆。”

“实际上，并没有严格执行。”对太小的孩子，一定要进馆的话，就由馆员带着参观；大一些的，自己说满14岁了，也让进，“看着不像，不像就算了，也不那么严格。”吴晞这么跟门口的保安交代。

美国并不设专门的少儿图书馆，而是在公共图书馆中设单独的少儿区，不仅会有少儿图书和颜色鲜艳的书架，还会有一些游乐设施。

但苏联并不这样，而主张在大城市建专门的、大型的少儿图书馆，跟成人图书馆完全分开。“少儿馆管少儿馆的事，成人馆管成人馆的事。”吴晞解释。

中国照搬了苏联模式，文化部还将大城市有无少儿馆作为考核评估标准。在这种思路下，深圳市也建了单独的少儿图书馆。“原来我们在一起，楼下就是少儿馆，楼上就是成人馆，比较简单。现在搬到这里就隔得比较远了。”吴晞有些无奈。

“我们想弥补一下。”吴晞打算在馆里找个合适的地方建个少儿阅览区，“至少可以帮助那些带着孩子来图书馆看书、孩子没地方放的人。公共图书馆不能离开对未成年人服务。”

“图书馆员都懂，只是难实现。”

近年来，在国内图书馆领域发生了两件影响较大的事件——国家图书馆事件和苏州图书馆事件。

2004年10月，暨南大学出版社副总编辑周继武在《南方周末》上发表《国家图书馆借书记》，讲述了他在国家图书馆遭遇不公正对待；苏州图书馆事件，则是2005年初，北京大学中文系教授漆永祥在网络上发帖子，愤怒地讲述了他为了借阅善本与苏州图书馆交涉半年而不得的过程。两个事件都引发了大规模的关于图书馆的讨论。

在这些讨论中，一些年轻学者经常提到联合国教科文组织《公共图书馆宣言》。其实大家都懂，只是难实现。

吴晞的日常事务中，行政工作占了很大比重。作为馆长，他甚至还需要签订《计划生育责任书》。

就任馆长之初，吴晞觉得自己更像经理，“首先要想怎么去搞钱——下个月奖金发不出去了怎么办？年终奖别人发了2000块，我们怎么样也要凑1500块钱出来。”在他看来，国家图书馆事件实际上就是创收的问题。“它的经费只够60%，另外40%要自己去筹。”

“‘创收’这个词香港同行都听不懂，我跟他们讲是‘to make money’，就是‘找钱’。”吴晞笑着说。

在吴晞看来，现在很多图书馆在这些小项目上收费是捡芝麻丢西瓜，“无论怎么讲，国家的拨款是最重要的，争取社会资助、社会支持是最重要的，这是西瓜。”

“公共图书馆眼睛是向下的，主要服务于那些没有机会读书的人。书是给人看的，公共图书馆是‘天下之公器’。公共图书馆还是现代社会所需要的制度，代表了民主精神，代表了民治民享的思想。”吴晞说。

（摘自《南方周末》2006年8月24日D25版）

官拜镇书将，风流十万年

——《出版人》杂志访谈

1986年12月20日，深圳图书馆正式开馆，以全国第一个"免证进馆、全开架服务"的理念享誉全国。20年后，2006年7月，深圳图书馆新馆正式落成投入使用，其建筑之美、管理之高效、理念之先进，无不震撼国人，对我国公共图书馆建设有着强大的示范意义。

本刊在"2007中国图书馆学会年会"之际特别专访了深圳图书馆馆长吴晞。从他的访谈中，我们看到新一代公共图书馆的发展前景和趋势，也从他本人的职业生涯中，看到了新一代图书馆人的学养和气魄。

"懵擦擦"地"官拜镇书将"

《出版人》：1982年，您毕业于北京大学图书馆学系。能聊聊您求学的经历吗？为何报考图书馆学？

吴　晞：如果讲实话，肯定会让你们失望。我当年选择图书馆学，是"懵擦擦"的。当时，连图书馆学是什么都不知道，更谈不上受到哪家学者、学派的影响了。

恢复高考前，我是河北省广宗县的下乡知识青年，17岁到23岁都在乡下度过。当时青年人的精神饥饿状态，是现在饱受沉重书本之苦的孩子们所无法理解的。记得我们就像到处觅食的老鼠，当时把能找到的书本式的东西全部都啃遍了。其中一本发烂又缺页的县志，现在想来大概是清代同光年间的雕版刻本，我们多次翻阅，以致清楚无误地了解到该县自古以来一共出了多少贞节烈女。后来传达了"最高指示"，《红楼梦》要读5遍，于是县知青办给我们知青点发了一套《红楼梦》。这下大大解渴，反复诵读，对书中的人物、情节，乃至诗词歌赋，至今都记得清清楚楚，出口成诵。后来只要一谈起《红楼梦》，大家都会惊讶我的"学问"，让我不由偷着乐。

"文革"后恢复高考，我的成绩在全省名列前茅，实际上我当时可以选择任何学校和专业，但我还是将北大图书馆学系作为第一志愿。尽管"懵擦擦"，但青年时期精神和肚皮双重饥饿的经历无疑是重要的原因之一。记得在北大读书时一位同学说过：有饭吃，有书读，此生足矣。我想，这种想法代表了全班大多数同学，也是我们投身图书馆专业的重要动机。

《出版人》：毕业之后，您就到图书馆工作了对吗？这段从业经历对您有何影响？

吴　晞：1982年毕业后留校从事图书馆工作，"专业思想"才逐渐树立了起来。20世纪80年代中期，我当时任北大图书馆的部门主任，携家人到北戴河游玩时，在海边捡到一块鹅卵石，煞是可爱，于是带回家做了镇书石。玩赏之余，颇有感触，就在石头上提了首歪诗："有志出海底，无才补苍天。官拜镇书将，风流十万年。"不难看出，此中的典故即出自我的"红学功底"。咏物自喻，大概从这时起，我已把图书馆作为我的终身职业了。

在北大图书馆一干就是14年，从助教到正研，我的专业本钱都是北大给我的。其间曾在多个业务部门当头头，另有授课任务，还要著书立说，每日忙得不亦乐乎，自诩尚未虚度时光。但北大的经历让我满脑袋都是高校图书馆的货色，这使得我在进入公共图书馆界之后，经历了一个转折和反思的过程。

1996年我调入文化部图书馆司任文献资源处处长，1998年又转调深圳图书馆任馆长，由此步入了公共图书馆界，开始了我专业生涯的一个新阶段。

公共图书馆应是"天下之公器"

《出版人》：在一次专题报告中，您认为公共图书馆源自西方，中国长期以来只模仿其形制，而忽视了对其精神实质的领会，只到最近几年，方把公共图书馆作为保障社会信息公平的一种制度来认识。能谈谈您的看法吗？

吴　晞：迫于新的工作需要，我对近现代图书馆，尤其是公共图书馆的历史和现状做了一些粗浅的研究。图书馆的历史非常悠久，在东西方都是如此。图书馆自人类文明肇始之日起就开始存在，并产生了有关图书馆的观念、学问和技术。我曾经翻译《西方图书馆史》一书，书中对此有很好的阐述。然而，现代意义上的公共图书馆却是近现代社会的产物，是西方文明传入的产物。感兴趣的读者可以参看拙作《从藏书楼到图书馆》。

自19世纪末期开始，西方式的图书馆开始以惊人的速度在中国传播和普及，国人亦对之报以极大的热忱。但遗憾的是，限于当时及而后的种种局限，我们多年来只注重西方图书馆本身的理论、方法和技术，却忽视了现代图书馆，尤其是现代公共图书馆的实质、原则和精神。到了20世纪中叶，各国对公共图书馆的认识进一步成熟、深化，联合国教科文组织的《公共图书馆宣言》就是其代表。在此期间，国内先是将这些理念统统划为意识形态禁区，而后图书馆又卷入了市场经济大潮，经营创收、以文养文等观念泛滥，以致从主管部门到各地图书馆，乃至学术界，有关公共图书馆的理论和观念无人问津，全国上下一片混沌。所以我认为，多年以来我国公共图书馆先天不足、后天压抑、畸形发展、精神缺位。

近年来，业界同仁对公共图书馆问题做出许多探讨和反省，做了许多启蒙工作，令人鼓舞。但更为重要的，是要在实践上再迈出一步，打造一个名副其实的公共图书馆。深圳图书馆新馆落成开放，为我们提供了这样一个机会。

《出版人》：深图提出的"开放、平等、免费"，走出创收和歧视的误区，是不是我国公共图书馆未来几年的发展趋势？

吴　晞：在深图新馆开馆前后，我们提出了两个口号，一是"天下之公器"，一是"开放、平等、免费"。讲"天下之公器"，主要是针对馆内职工和图书馆界同行的。"公器"的意思就是天下共有，图书馆，尤其是公共图书馆，乃典型的天下公器或社会公器。我们借用了这一传统概念来形象地描述现代公共图书馆的精神。宣传“开放、平等、免费”，是我们的公关口号，主要目的是让广大读者知道真正的公共图书馆是什么样子的。“开放、平等、免费”是三个内容，其中最重要，也最引人注目的是“免费”。我们也曾考虑用“公益”一词，因其内涵更为丰富，至少在修辞上更为雅致，不显得那么直白、赤裸裸。但最后还是决定用“免费”，我们就是要直截了当地告诉全社会：深图的服务是不收费的！也把矛头直指社会上大量存在的图书馆滥收费现象。深图新馆开馆后免除了所有的服务费用，包括按惯例应收费的借书证工本费、上网费等。我就曾在媒体上公开宣称：读者到深图来是可以不带钱包的。可想而知，读者和业界对此反响巨大。

《出版人》： 2003年深圳市委、市政府提出建设“图书馆之城”的宏伟目标，其中最核心的是什么？从中您觉得对全国公共图书馆建设的借鉴意义是什么？

吴　晞： 关于深圳打造的“图书馆之城”，我们刚编著了一本约40万字的专书，仍觉得意犹未尽。所以这里我只能极其简要地谈两个问题。

一是“图书馆之城”的含义。所谓“图书馆之城”，就是把整个深圳市建设成为没有边界的图书馆网络，让大大小小的图书馆星罗棋布，遍布全城，服务全民；同时建设信息资源共享网络，打造全市数字平台；在理念上强调社区化、人性化、普遍服务、平等服务，实现全民阅读，特别是弱势群体的阅读参与。“图书馆之城”建设自2003年开始实施，现已实现每15万常住人口拥有一座公共图书馆，每1.5万常住人口拥有一个社区图书馆，通过评估达标的城乡社区图书馆已超过500家，市常住人口人均藏书1.6册，户籍人口人均藏书5.8册，全市实现一卡通管理的通借通还。

二是我们的感想和体会。从上述的内容不难看出，我们所做的事情其实并没有太多的新鲜货色，其中大部分的工作各地公共图书馆都在做，有的做得还比我们更出色。但是，我们明确提出了建设“图书馆之城”的概念，以此为名打动了社会，动员起各界的力量，争取到了全市上下普遍的支持。同时，以“图书馆之城”的建设为核心，纲举目张，目标明确，将原来分散的、各自为政的和杂乱无序的全市图书馆工作整合起来，统一在“图书馆之城”的大旗之下。“必也正名乎”，这才是我们的得意之笔，也是取得成功的关键之处。

打造一个真正意义的“公共图书馆”

《出版人》：深圳图书馆从20世纪80年代就开始在自动化管理上探索，图书馆自动化集成系统（ILAS）的研究工作取得很多成果，数字化系统的开发与应用也一直处于国内领先地位，可以说智能化和数字化是重要的办馆特色之一，能否简单介绍这方面的情况？

吴　晞：高技术成果一直以来是深图的旗帜和骄傲，但实际上我们是被“逼”出来的。深图是个后起的新馆，当下许多国内历史悠久的图书馆都在纷纷庆祝建馆100周年的时候，我们只能羞答答地纪念建馆20周年，说起来才不过是个“孙子辈儿”。历史没有给予我们机会去获得百年积累，没有珍稀资源或“镇馆之宝”。后来者如何居上？如何让深图跻身于国内外先进图书馆之林？我们的回答是，走自动化、数字化、网络化和智能化的道路。

1988年，深图受文化部的委托开发研制了ILAS，即“图书馆自动化集成系统”（Integrated Library Automation System）。这是国内第一个图书馆自动化软件。在当时国外软件价格昂贵、国内绝大多数图书馆均无力问津的情况下，ILAS起到了不可替代的作用，迅速发展了2000余家用户，极大地推动了我国图书馆的自动化建设。可以毫不夸张地说，如果没有ILAS，我国图书馆自动化的进程至少还要推后10余年。ILAS的成功研制和应用也给深圳图书馆带来了极大的荣誉，这一项目所荣获的省部级以上的嘉奖就达11项之多，其中包括了国家科技进步奖、联合国科技之星奖等重大奖项。日前我们又圆满完成了国家级科研项目d-ILAS（即“数字化ILAS”）的研制，目前这一系统已在深图新馆成功应用。

2000年，我们又成功开通了“地方版文献联合采编协作网”，简称CRLNet（China Regional Libraries Network）。CRLNet使图书馆传统、核心的业务工作迈入了数字化、网络化和合作共享的新阶段。现已有书目数据200万条，成员馆90家，联合采编系统24小时实现数据上传和下载，为之受益的图书馆遍及全国，国际上最大的联机编目机构OCLC也在采用我们的数据。2006年，该项目荣获文化部首届“文化创新奖”，这是我国文化系统现行最高级别的奖项。

2006年深图新馆开放之时，又全面启用了RFID系统。RFID即无线射频识别技术（Radio Frequency Identification），亦称电子标签、数字标签，是一种非接触式的自动识别技术，近年来在国外图书馆开始探索应用。深图是国内第一家全面应用RFID系统的图书馆，也是国际上为数不多的全面启用这一系统的大型图书馆之一，因此在国内乃至港台、东南亚地区均产生了重大反响。RFID在图书馆的应用代表了行业发展趋势，深图又一次站到了时代的潮头。在此基础上，我们还开发研制了"文献智能管理系统"、RFID智能书车、自动借还设备等产品，使深图迈入了智能化的新时代。

《出版人》：深圳中心图书馆建成，其规模、建筑、管理、服务都让国人震撼，能否谈谈当时的设想是否都实现了？这是否就是您理解的真正意义上的"公共图书馆"？距离你们设立的目标"国内一流、世界先进"还有多远？

吴　晞：深图新馆在建筑和设备条件上是一流的，但这并不意味着它就是名副其实的一流图书馆。我们的办馆目的，是要打造一个"公共图书馆"。这样讲，听起来好像是废话，因为深图本来就是公共图书馆，其实不然。让我们试想一下，在全国各地各级的公共图书馆中，正式冠之以"公共"之名的又有哪几家？没有，一家也没有，包括深图也不曾挂出过"深圳市公共图书馆"的牌子。当然，名称不能决定其实质，我们也不打算去办理那些繁杂无比的手续换牌子，但所有的公共图书馆统统都没有"公共"之名，至少说明了公共图书馆意识的普遍缺失。在这种情形下，努力在理念和实践上建立一个真正的"公共图书馆"，就是至关重要的了。

记者手记

第一次见到深圳图书馆吴晞馆长是在云南的图书馆年会，他穿着白球鞋从下榻的酒店出来跑步。当时心里第一反应是，难道他就是赫赫有名的深图馆长？个子高高，温文尔雅，亲切、平易，与那些圈内流传的传奇——庞大的“图书馆之城”计划、气势宏大的深图新馆、魄力十足的“开放、平等、免费”口号之类建立直观联系似乎很困难。这次采访也令人印象深刻，我根本没想过他竟然会在每天忙完工作后，一段一段地回复我的采访，连续一周！并且字字句句都能感受到他的认真、周密和真诚。与这些图书馆人接触，总会从很多细节处感受到温暖的希望和摄人心魄的人格力量。

（摘自《出版人》2007年第7期）

访谈深圳图书馆原馆长吴晞先生

——《数字图书馆论坛》访谈

1979年第1期的《图书馆学通讯》(《中国图书馆学报》的前身),曾刊载了一篇后任文化部图书馆司司长杜克先生的《我国图书馆网建设初探》。文中列举了美国俄亥俄州有600多个分馆和90多个汽车图书馆,“平均每2500人一个分馆”,作者同时提出,“但在我国,我认为却不能走由大型图书馆广泛建立分馆这条道路”。

时隔30多年,再看这篇文章,我感觉它并非已故前辈的妄言或者缺少高瞻远瞩的视野,而是当时百废待兴的中国之真实反映。在全球化和信息化的背景下,在我国国力整体增强的支撑下,中国的图书馆界近年来成绩斐然。成绩的背后,是众多图书馆人的不懈努力。

深圳图书馆原馆长吴晞先生即为其中有代表性的一位。他在任深圳图书馆馆长14年间,将深圳图书馆由一个新兴城市的小馆变成了“图书馆之城”宏大规划的龙头馆。目前,深圳“图书馆之城”已拥有600多家图书馆和200台城市街区24小时自助图书馆,这在改革开放之初的中国是很难想象的。

吴馆长是图书馆技术应用的有力推动者。无论是RFID还是自助图书馆，深圳图书馆都走在全国的前列。RFID在全国应用越来越广泛的同时，自助图书馆却引来了业界同行的一些争议。作为自助图书馆项目的第一负责人和专利发明人，即使自助图书馆在深圳的使用情况甚好，吴馆长也仍能理解这些不同的观点，更不赞成在全国盲目地推广。

他认为深图较多的技术开发和应用是不得已而为之，这与深图的文化和历史积淀较弱有关。这位有着很高人文素养的管理者和学者，将自己的人文情怀用在了服务上，除了以技术应用促服务，同时还在全国率先提出了“开放、平等、免费”的理念，“服务立馆，技术强馆”。

在开放的服务理念中，他也在思考诸多业内焦点事件后的“民粹主义”思潮。图书馆不能刻意去迎合普通大众，某些看似创新的服务实则为办馆方针的错位及对文明遗产和知识传承的漠视和无知。

他特别强调不能忽视图书馆的教育职能。联合国教科文组织《公共图书馆宣言》中指出：“公共图书馆为个人和社会群体进行终身教育、自主决策、文化发展提供了基本条件。”他认为我们还没有完全发挥出开启民智的作用。在教育职能中，阅读推广是重中之重。

作为中国图书馆学会阅读推广委员会主任，他认为图书馆是社会阅读的主体，阅读推广工作要引导缺乏阅读意愿的人，训练不善于阅读的人，帮助有阅读困难的人，提供所有人阅读的便利。“目前还没有任何社会机构在阅读这一功能上可以取代图书馆。”

吴馆长热衷于图书馆学基础理论的研究。他认为理论的研究推动了我国图书馆多年来飞速的发展。他发起创立了“公共图书馆研究院”和创办了《公共图书馆》学术期刊，这也符合他以“研究先行”为圭臬的一贯思路。

他同时认为我国理论的研究和事业的发展是西化的影响使然，不能忽视外来思想的作用。无论是技术的应用还是理念的更新，我们需要向国外学习的地方还有很多。

杜克先生的这篇文章刊出时，正值吴馆长刚刚进入北京大学求学，“文革”后的那一代大学生意气风发，以天下为己任。他们见证和参与了中国图书馆的发展，他们对于中国图书馆的贡献，担得起这个社会和时代给予的期冀和信任。

他因为身体原因，于2012年辞去了馆长一职，虽退离管理岗位，却也难做“无怀氏”和“葛天氏”之民，并不得闲。他还要接着完成手头的国家社会科学基金课题，履行几个职位的责任。心系图书馆是他不变的情怀。

顾晓光：请您回顾一下在北大学习和工作的情况。是什么原因，让您下决心南下深圳，担任一个新兴城市的图书馆馆长？

吴　晞：现在的青年人很难想象我们这一代人在青少年时期肚皮和精神双重饥饿的情景，这种饥饿已经成了我们终身的心结和阴影。

记得当年在河北省做插队知识青年，只有十六七岁年纪，我们这些人就像是一群觅食的老鼠，到处寻找有字迹的东西读。在村里找到一本没头没尾的旧县志，现在回想应该是清末同光年间的刻本，我们就如饥似渴读了起来，以至于至今我还能清楚记得该县从古至今都出了哪些夫死而几十年誓不改嫁的贞节烈女。

就是对这种读书的追求，使我考上了北大图书馆学系。1978年高考，我的成绩名列前茅，当时是先公布分数后填报志愿的，本来选择余地很大，但还是毫不迟疑地将北大图书馆学系（现为信息管理系）作为第一志愿。上学后，发现很多同学都有共同的想法，可见要读书是我们这一代人的共同愿望。有个同学说：此生有饭吃，有书读，足矣！颇得大家共鸣。当然，读了图书馆学，做了图书馆员，才明白图书馆工作和个人读书是两回事，这是后话了。

顾晓光： 我特别钦佩77、78级的大学生，这些人的求学背景和经历在古今中外都是少见的。

吴　晞： 我们这几届毕业生的共同特点就是踌躇满志，以天下为己任，还带有几分狂狷和自不量力。记得毕业时一次聚会，有位女同学说：中国现代战争实际上就是黄埔军校的同学们在互相打仗，我们就是黄埔一期，今后图书馆的天下就是我们的！大家为之喝彩。虽是书生之见，但却难得一腔书生意气。

我毕业之后留校工作，事业、家庭都很顺利美满，我的中级、副高、正高职称都是未到年限破格评聘的，颇得领导和同事的器重和认可。1996年调到文化部图书馆司任文献资源处处长，后来才知道，让我这个未经行政任职阶梯的人直接出任正处长，也是一种破格待遇。

1998年，深圳图书馆（以下简称“深图”）沈迪飞老馆长面临退休。沈馆长曾在北大任课，是我的老师，他推荐我接任馆长。市文化局也希望找一位既是内行、又有行政经验的人接替馆长，于是就发函商调。当时我也颇为犹豫，因为我的家人和父母都在北京和天津这两个城市，北京又是我的出生地和事业起步的地方，确实有些舍不得。最后还是事业心占了上风，人生苦短，难得几回搏，应该在有生之年多做些力所能及的事情。

顾晓光：深圳市委、市政府提出建设“图书馆之城”已有10年的时间了，你们取得了很大的成绩。您如何看待这10年的工作？

吴　晞：我到深图任职前，对自己的专业能力还是信心满满的，以为自己是科班出身，又在国内一流图书馆工作多年，图书馆的十八般武艺都拿得起。但跻身公共图书馆后，发现差距还是蛮大的。

这个差距，首先不是我个人的差距，而是我们整个图书馆界的差距。我们的教科书、理论研究，乃至公共图书馆界自身，都缺乏对公共图书馆的整体认识，没有令人满意的研究成果，更没有落实到公共图书馆的工作上。其实这个问题在国际上早已有共识，从《公共图书馆宣言》到IFLA等国际组织，早就有一系列的定论，我们的公共图书馆却大多懵懵懂懂，一团乱象，政府管理部门也是政策错位。当时盛行“以文养文”，经营创收，提倡增加“造血”功能，实际上就是想方设法乱收费。对群众办证、借书设立了重重门槛，把读者分为三六九等，就像个衙门。深图在全国算是做得好、问题少的，但也不能免俗，职工奖金和本部门“创收”挂钩，全馆上下都在一门心思搞钱。

这种乱象在21世纪初才开始好转，直至2012年文化部、财政部发文禁止图书馆、博物馆等公益文化场所收费，才算终结了全国公共图书馆以服务“创收”的局面。在这个历史进程中，深图起到了为天下先的作用，这是我为之自豪的。

早在1998年就职深图之初，我就写了《图书馆与人文关怀》一文发表在《图书馆》杂志，呼吁图书馆要有人文价值观，介绍国际先进理念，抨击图书馆服务不平等、滥收费等不正之风。21世纪初年，国内理论界开始倡导图书馆的核心价值观，反对一些不合理的政策和做法，我也摇旗呐喊，推波助澜，撰写了《天下之公器》等一系列文章，力图在理论观念上拨乱反正。2006年，深图新馆开馆，我们借此良机，大张旗鼓提出了“开放、平等、免费”的口号，在全国首先做到了服务全部免费（与我们几乎同时实行全部免费的还有杭州图书馆）。当时我们这样做还是有不少压力的，因为没有明确的政府政策，许多公共图书馆还要靠收费过日子，难免要说我们“饱汉不知饿汉饥”，“站着说话不腰痛”，但是也得到了图书馆界有识之士和市民读者的热情支持和赞誉，使我们得到鼓舞。

深圳的“图书馆之城”是全市图书馆事业发展的一个亮点。作为公共图书馆的一个特点，就是要面向基层，面向大众，面向弱势群体，“图书馆之城”建设体现了这种精神。现在全市通过考核达标的基层图书馆已经有600多家，深图还牵头建成了“深圳图书馆之城统一应用平台”，把全市图书馆联为一体。这样的规模水平在世界上也是领先的。这项大工程得到市政府的大力支持和全市图书馆界同仁的一致参与，使全市人民因此而受益。

还有一项惠民的工程就是开发研制“城市街区24小时自助图书馆”，我们是将其作为“图书馆之城”的组成部分来进行建设的。现在全市投入服务的自助图书馆已达200台，深受市民欢迎。

曾有学者指出，21世纪中国图书馆有两大成就，一是各种新技术在图书馆的应用，极大改变了图书馆的面貌；二是公共图书馆免费开放，实行均等公益的方针。我深以为然。然而，新技术应用是技术领域，主要是IT界的引领，我们不过是跟在后面跑。所以说，近年来国内图书馆界最大的成果应该是公共图书馆界的变化，实行了开放、平等和免费的服务。回顾这一历史性转折，我和深图团队始终站在了潮头，在理论上、实践上冲锋陷阵，颇有成就感。

顾晓光：深圳作为改革开放的前沿城市，也是受惠很大的一个城市。经济繁荣促进文化的发展，虽然有些人说深圳是“文化沙漠”，但通过经济的投入，在文化的某些方面，比如图书馆，深圳是不是走在全国的前列？

吴　晞：“文化沙漠”是有些刻薄了，深圳的文化发展还是很快的。但深圳是一座文化底蕴很薄弱的城市，且不要跟北京、上海比，就是和广州比，也有很大的差距。虽然我们做了很多事情，包括我们在图书馆方面也做了很多努力，但文化建设需要很长时间的积累。

拿深图来说，我们的硬件条件是走在全国图书馆前列，我们在尽可能的条件下所做的一些工作，确实也走在全国前列，比如建设“图书馆之城”、促进基层图书馆发展、开发并使用自助图书馆等新技术的应用诸方面。但如果作为一个好的图书馆，深图以及众多深圳地区的图书馆还有很大的差距。

顾晓光：这个差距主要体现在哪些地方?

吴　晞：文化积淀不够。我们20世纪80年代之前的图书收藏很少。以前，我们班子开会争论是否收集古籍，丰富馆藏。多数意见是不收集，买一些复印本或者通过数字化方式获得就可以，满足读者使用。虽然我本人对古籍很感兴趣，但也没有坚持收藏古籍。

我们之所以在技术的开发和应用上做得较多，实际上有不得已的原因。如果藏有大量古籍、镇馆之宝，我们会有很多事情可做；没有这些，我们只能想办法在技术上走在别人前面。如果我做其他图书馆馆长，也许不会走这条路，有很多办馆的方针可以让图书馆长久发展。

顾晓光：有人提出“图书馆促进社会发展，图书馆接受技术挑战”的论题。“挑战”这个词很直接，我想到图书馆学作为一个学科，有诸如分类、编目的看家本领，但技术的发展使得我们学科的这些看家本领越来越弱势化了，使得图书馆的技术应用有越来越多非本学科独有的趋势。您觉得这种现象以后会不会更加明显?

吴　晞：这也是很无奈的，连我们系的名字都改成信息管理系。改名的时候，我还在北大。当时我很反对，觉得把学科给改没了。这从根本上将专业往技术上靠了，依赖技术发展来建立学科，学科立足之本的东西丢掉了。这带来什么后果呢？首都图书馆倪晓健馆长讲过一个事例，在搜索引擎上敲入“信息管理”一词，一万条之后也找不到图书馆。我们图书馆招聘的时候，投递简历中符合“信息管理”专业条件的有学硬件、软件、电子商务的，就是没有图书馆学背景的，搞得我们哭笑不得。

但学科发展到今天，离开技术是不可能了。我们深图也是紧跟技术发展的。但图书馆学是一个人文社会学科，不能离开“以人为本”，不能为了技术而技术。

顾晓光：深图是国内进行新技术应用的典范，无论是ILAS还是RFID（无线射频技术）、自助图书馆等，但您以前说过“图书馆的本质是人文的，在过去和将来，它都不是什么科技产物”，刚才又谈到“不能为了技术而技术”。在技术大力推动图书馆发展的今天，技术和人文的争论中，人文又能如何去引领技术的进步？

吴　晞：深图开始研制开发ILAS的时候，我还在北大供职。记得当时（20世纪80年代末和90年代初）曾由学校牵头，北大图书馆和计算机所合作，先后成立过两个图书馆自动化课题组，我都是课题组成员。在我们课题组里，那些搞计算机技术的专业人员是不大看好深图ILAS的，认为他们的技术是小儿科。结果，我们的项目或是无疾而终，或是通过鉴定后束之高阁，从未得到真正应用，而ILAS却在全国有了3000多用户，还走向了海外。

我到了深图之后，才认真面对这个问题。ILAS是文化部支持的项目，从一开始就立足于推向全国图书馆，为图书馆自动化服务，迅速实现产业化，而不是刻意在技术上取得什么成就或突破，追求什么成果。这一策略被证实是十分成功的。且举一个非技术性的例子。当时国外通行的图书馆自动化软件主要是美国的INNOPAC，售价超过50万美元，每年的维护费用还要2万美元。这个价格实际上超出了当时国内几乎所有图书馆的承受能力。而ILAS的售价最低只有5000元人民币，因此被广泛接受。仅仅这一点，就可以说ILAS的问世使中国图书馆的自动化提前了10年到15年，因为只是近十年左右，国内各大图书馆才有财力陆续使用国外的系统。

我们做公共图书馆的，时刻要有人文关怀的理念，而不是本末倒置，技术成就高于一切。再举一个我个人的例子。20世纪90年代初期，我在北大图书馆供职，当时我们经过努力，宣布取消原有的卡片目录，全部采用机读目录（MARC）。这在全国高校图书馆是首家，我们都很以为荣耀，当时在国内图书馆界这也是一件重大的事情。不久后我到美国出访，得知了另外一个故事：在美国的一家大学，当时也曾计划取消卡片目录，但是因为有几位教授从不肯使用电脑，图书馆最后决定卡片目录依然保留。两种做法，反映了两种态度，两种考量。这里且不说保留卡片目录的是非对错，毕竟现在图书馆大多已经不再使用卡片，但是美国这家大学的出发点无疑更具有人文关怀的精神，而不是技术至上主义，不是为技术而技术、为现代化而现代化。这正是我们所缺乏的。

正是基于这种考量，深图研制开发了“城市街区24小时自助图书馆”。对于这个项目的研制和使用，业界也有不少争议，有人认为我们采用最先进的技术手段，却用于最传统的纸本书刊借阅，不能体现图书馆的发展方向。对此我不能苟同。现在自助图书馆每个月借还书量接近200万册次，还有1万~2万册次的预借量。这说明我们的自助图书馆相当于一个中等以上规模的图书馆，而且是深受市民关注和欢迎的图书馆。这样的利用效益，又有多少潜移默化、润物无声的社会影响，这才是我们应该追求的。

曾有一位女市民动情地对我们的工作人员说，自己在深圳发展不顺利，正在考虑回老家，但使用了自助图书馆这样便民的服务设施，就改变主意不走了，留下做一个深圳市民。自助图书馆项目问世后得到过多次领导表彰和各种奖项，包括胡锦涛总书记的赞扬和文化部颁发的最高荣誉“文化创新奖”和“群星奖”。但这位女市民的赞许却更令我们倍感荣耀，让我从中切实感受我们做了图书馆应该做的事情，尽了我们的社会责任，体现了图书馆的社会价值。

顾晓光：“以人为本”的理念现在还在坚持吗?

吴　晞：当然。公共图书馆比较独特，它是一个社会公益文化机构，不能离开为公共服务这个原则。我们建深图新馆时，有人提过一个方案，一进大厅便有大量电脑进行多媒体展示，能够让大家感受新技术的魅力。这个想法很好，但我还是反对。我们不能摆出一副吓唬人的架势，要让老百姓感到很亲切，有文化的可以来，没文化的也可以来；骄傲的可以来，自卑的也可以来。它对民众要有亲和力。当时，深圳有位书法家送我们一幅字：谈笑有鸿儒，往来无白丁。我说这不行，既欢迎鸿儒，也欢迎白丁，尤其要加强对白丁的服务。本来书法家很得意，觉得很高雅，但我们觉得不能充高雅，要特别面对那些弱势的、没有多少途径阅读的群体。他们很依赖我们，我们也要吸引他们来，这才是我们应该做的事情。

顾晓光：您在2000年时曾经说过“公共图书馆要不要建成研究型的图书馆，这是个有争议的问题”，并提出“我们（深图）必须担负起研究图书馆的使命”。经过十多年的发展，您认为深图在推行研究图书馆战略上有哪些经验？

吴　晞：从数量上看，全国县以上公共图书馆有三四千家，大多是基层图书馆，这些图书馆要不要办成研究型图书馆，我不能肯定；可以肯定的是，像深图这样的大型地区中心型公共图书馆，是一定要担负起研究图书馆的使命的。

我多次说过，在当今社会，要进行某种程度的研究，或系统学习、掌握一门知识，就要学会利用图书馆这个最好的场所，因为只有图书馆才具有完备的文献体系和系统的文献服务。人们常说“站在巨人肩膀上”，这个“肩膀”就是前人的成果，就是文献，就是图书馆。

举例讲，如果某一学科或专题的有关文献有100篇，其研究者或学习者至少要掌握其中的80篇，还不能遗漏核心文献，才算得上有起码的了解，才算入门。哪里去找这80篇文献呢？社会上只有图书馆才能提供这样的文献保障。书店能否完成这样的功能呢？不能。书店只能提供当年及近年的新书，甚至只是有销路的新书，不会系统地按照学科、专题来收集和积累文献，也不会提供卖不出去的书刊。上网浏览检索固然可以获得大量信息，但属未经筛选，垃圾信息充斥，个人往往没有能力甄别利用。凭借个人的收藏和私人途径能否建立起这样的文献保障体系呢？应该承认，历朝历代的私家藏书曾经起到过非常积极的历史作用，为文化传承、文献保存和文献研究做出过不可替代的重大贡献，许多重要的学术成果也是以此为依托完成的。但毕竟时代不同了，藏书家的时代已经过去了。远在两千多年前的古代社会，对文献数量最为夸张的形容不过是“学富五车”“汗牛充栋”。即使当时的文献总量如此有限，孔子还要“问礼”于“周藏室”（周王朝的国家图书馆），亚里士多德还要借助“学园图书馆”。可以说，面对今天的出版量和社会信息量，凭借个人的力量已经不可能建立起完备系统的文献收藏，只能依靠社会化的分工，也就是依靠图书馆及其他社会文献机构。这就如同生病要找医生、上医院、寻求专业帮助，靠个人买些感冒胶囊之类的只能对付一些头疼脑热的小毛病。

进入网络化、数字化时代之后，图书馆独特的、不可替代的社会作用非但没有减弱，反而更加强化、更加突出了。图书馆为我们提供了丰富实用的数字资源，图书馆收藏和提供各种数据库，如同图书馆的藏书一样，是经过精挑细选和专业化整理揭示的，因此是最重要、最实用、最具价值的信息资源，而且大都是免费提供的。无论是普通读书人，还是读书治学者，图书馆数字资源都是基本资源和首要选择。

特别要指出的是，即使你所在的图书馆数据库不够齐备，使用者另有需求，现在图书馆大都可以通过各种图书馆协作关系和资源共享平台，联系利用其他图书馆的数据资源，这些服务都是无偿提供的。以深圳为例，深图和深圳大学城图书馆、深圳大学图书馆这几家本市数字文献收藏最为丰富的图书馆一起，建立了“深圳文献港”，可以相互利用各自的馆藏数字资源；而大学城图书馆又是CALIS成员，我们也可以利用这个平台的文献。此外，我们和内地各大图书馆、港澳地区图书馆及国外文献机构都有各种各样的业务关系，可以实时利用他们的数字收藏。这样一来，“研究型公共图书馆”的门槛就大大降低了，许多具备条件的基层图书馆也同样可以开展研究型服务。

建立在数字文献基础上的研究型图书馆的好处是不言而喻的。有个历史学研究者就说过，只要学会利用各种数据库，每个研究者在占有资料上都可达到陈寅恪先生的水平。这是深得个中三昧者之言，也给公共图书馆发展提供了方向，就是在数字图书馆的基础上建设学习型、研究型图书馆。

顾晓光：我们图书馆学专业中在不同时期出现过“整理说”“要素说”“机构说”等理论，到后来周文俊老师提出“文献交流”的思想，图书馆学的研究经历了很大的变化。21世纪以来，很多人开始认同一个图书馆作为公民“第三空间”的观点，图书馆利用物理空间和馆藏资源的优势，来建立一个文化氛围的场所。在传统文献资源的利用日渐式微的情况下，图书馆越来越多地利用非传统图书馆的服务方式来进行服务，甚至有去纸质图书化的趋势。在图书馆独有物理空间优势的情况下，我们的图书馆还是图书馆吗?

吴　晞: 你这是两个问题。一个是基础理论。我深深感受到21世纪的基础理论有了更为深入的研究，比如2005年湖南《图书馆》杂志推出的“21世纪新图书馆运动”论坛，在理论上做出了很大的突破。按理说也没有什么新东西，《公共图书馆宣言》早就讲了，国外也已说了、做了很多年。但将其介绍到中国来，为其鼓与呼，并形成公共图书馆今天的局面，还是起到前锋的作用。

七八年前，我们的公共图书馆还存在收费、设门槛这样的举措，很多馆长也没有开放的理念。在20世纪末到21世纪初，基础理论的研究者，包括我在内，还是推动了图书馆事业很大的发展。刚才你说的以前学者提出的基础理论，包括周文俊老师的“文献交流引论”，最核心的东西还没有过时。

另一方面，现在资源多样化，人们不再依赖图书馆，这是一个事实，包括你和我在内，我们查找资源的时候，首先想到的是通过互联网，这和我以前一有问题就钻进书库里是类似的。但是人们总是需要一个物理空间，即使你掌握了全面的信息检索技术、数字文献利用技术，但你还会有一个书房。如果你没有，可能也希望设计一个理想中的书房。

顾晓光: 是的，在数字大潮下，我购买纸质书却越来越多。

吴　晞: 在自己的书房中，琳琅满目，这和拿个手机查东西是两个概念。对于城市来说，也是如此。城市的公共图书馆是一个文化象征，在其中，我们可以查阅传统资源，也可以浏览网络资源。在20世纪80年代，信息技术刚刚兴起，美国超过70%的民众是通过图书馆掌握了相关的新技术应用，包括后来的互联网。我在文化部的时候，曾经提过一个口号——“图书馆带你步入信息社会”，得到领导认可，他们现在还在用。我们面对的公众素质是参差不齐的，我们有责任让没有其他途径学习的人逐渐掌握利用新技术的本领。从这方面说，仅仅着眼资源建设是不够的。

顾晓光：我想到您和一些学者以前都持有的一个观点。大意是中国百年来公共图书馆的发展，是全盘西化的落地，甚至很难有什么中国特色。当然，既然在中国，肯定有中国化的成分在其中，但并不明显，基本上是理论的移植。现在您是否还坚持这个观点？

吴　晞：是。中国的书籍历史非常灿烂，文化遗产也非常丰富。从这方面讲，我们比西方大多数国家要有优势。但今天我们所说的“图书馆”就是舶来品，是西方的产物。我们近代图书馆的产生、发展就是移植过来的，不是继承了诸如天一阁、文渊阁这样的藏书楼。

我在20世纪90年代就发表过这个观点，很多人反对，说我无视我们的文化遗产。我说你们没有把我的文章看明白，如果看明白了，就不会这样说了。这个观点也没有什么奇怪的，我们现在使用的东西大多是舶来品，小到身上穿的衣服，大到像共和国这样的国家体制也是西方的。我们的图书馆会受一些传统的影响，我们的目录学以及关于文献学的研究，对于今天的图书馆还有指导作用，但和今天的图书馆学和图书馆体制是两回事情。

顾晓光：您认为我们图书馆的发展和中国整体的发展相比，是同步的，还是超前的？

吴　晞：在深圳，可能是超前的。"图书馆之城"正式认可的图书馆就有600多家，而且都是达到一定指标的。在西方国家，这也是很高的数字。我们还有200台自助图书馆，再加上鼓励民间图书馆的投入，而且深圳离香港近，很多地方都要和香港去比较。所以深圳地区的图书馆发展还是很快的。

在全国范围内，大型图书馆的建设是非常突出的，这几年出现了像广州图书馆、湖北省图书馆这样单体面积超10万平方米的图书馆，在世界范围内都是很少见的。虽然现在的理念并不是非要建大馆，要多在基层馆上投入，但这也是社会发展的象征。

我们公共图书馆的发展让美国同行很羡慕，这几年美国关闭了一些图书馆，规模缩减、购书费缩减、人员缩减。

顾晓光：我看到过一位读者在微博上抱怨深图，大意是在南方某个图书馆借书都不要钱的，而跑到深圳后，要先交钱（押金）才能借书（100~300元不等）。您如何看待这位读者的吐槽？

吴　晞：此事缘起于某些图书馆近期出台的"服务创新"：免收借书证押金。我多次表示对此不敢苟同。

21世纪以来，中国的公共图书馆进入了全面免费的时代。免费服务在公共图书馆近乎"天条"，蔚成一时风气。恰如有的学者指出的，这是本世纪中国图书馆，尤其是公共图书馆事业发展最为重大的进步和最为丰硕的成果。我本人和我所供职的深图就是其首倡者和积极推动者。

真理超越半步，往往就是谬误，就陷入误区。孔子说："过犹不及"，也是这个意思。当今某些公共图书馆推行借书证免收押金，并自诩为"服务创新"，就超越了图书馆的底线。各行各业都有自己的底线，而图书馆的底线之一，就是其藏书。建设藏书，保护藏书，进而汇聚知识，传承文明，是图书馆最为重要的天职，是图书馆之所以成为图书馆的本质特征。图书馆的这种功用被卡尔·波普尔称为"世界三"，国人也有"诗书继世长"的优良文化传统。图书馆的任何行为，都不能以损害其藏书为代价。

当今某些公共图书馆实行的借书证免押金政策，恰恰是以"借书不还"为代价的。某个地方领导甚至明确表态，由此造成的图书馆书刊丢失的损失全部由财政增拨款项埋单。在他们眼中，这是一项"惠民"的好事，如同是在给市民开粥厂、派红包、发利是，图书馆书刊的损失可以用金钱来补偿，馆藏的文献也是可以作为福利赠送给市民的。这是图书馆办馆方针的错位，也是对文明遗产和知识传承的漠视和无知。

图书馆收取押金来确保藏书免受损失，不是唯一的方式，甚至也不是最佳的方式。在高校和其他一些有固定读者群的图书馆，就无需用钱来做抵押。在香港和许多西方国家的公共图书馆，都是不收取借书押金的，居民诚信本身就是担保。但是在公民信用制度远未建立的我国大多数地方，如果不是寻求建立可以取代押金的担保制度，而是不惜损失图书馆的文献收藏，去搞此类"服务创新"，则有悖图书馆的宗旨。

在一些公共图书馆，尤其是基层图书馆和社区图书馆，把多余的藏书廉价售给居民，甚至免费赠送，都是允许的，这也是西方社区图书馆常见的做法。但是无论如何，不能容忍“借书不还”，不能让那些品行有亏、需要教育惩戒的人享受这一“福利”，而让广大遵纪守法的公民蒙受由此带来的损失，如加大财政开支、损失公共文献收藏。就算是派红包、发利是，也要有个公平合理的发放途径和发放标准，不能混乱无序，更不能恶人先得。

我十分赞赏吴建中馆长的说法，公共图书馆发展是有最低纲领和最高纲领的：最低纲领是实现社会公正包容的使命，确保为每一个公民提供公平的服务；最高纲领是提供知识服务，为各界人士自由交流信息、共享人类知识提供一个信息化环境。这也是当前图书馆发展的两大目标、两大使命。我觉得，这两个纲领不是孰先孰后的关系，而是要并行不悖、齐头并进，图书馆方能健康发展。而图书馆藏书的齐备健全、保存完好，则是最基本的条件，尤其是实施知识信息服务这一“最高纲领”的前提和保障。

顾晓光：还有一个话题是杭州图书馆的“乞丐事件”，它成了少有的关于图书馆的社会话题。您怎么看？

吴　晞：在杭图话题出现的第一时间，我就在《文化报》上发表文章高度赞许，并称“与有荣焉”。我们宣扬图书馆平等这么多年，连乞丐都不让进实在说不过去。读书人都是平等的，不论什么阶层。

现在有一种“民粹主义”的思潮，我们图书馆界也存在这种思潮。我对一位学者开玩笑说他就是在宣扬“民粹主义”，图书馆不是收容所。

我们公共图书馆现在忽略了“教化”的责任。我提这个，有学者就反对，他们就说你把读者分成三六九等。我在图书馆就要求读者不能穿拖鞋、背心。我们做事情要有个样子，读书就要有个读书的样子，图书馆也要为提高民众的文化水平和精神培养做点贡献，至少也要培养一些文明的习惯。

顾晓光：这也是尊重其他读者的做法。

吴　晞：是这样。图书馆的教育职能还是不应该否定的。台湾地区的图书馆归“教育部”管理，这样它的教育职能就非常明确。它是教育的一部分，民众通过在图书馆读书来实现图书馆的社会教育、终身教育的职能。我们的图书馆归文化部门管理，它的教育职能就淡化了，属于文化活动的一部分。

顾晓光：有位深圳市民去深图，结果深图由于检修而没有开放，他在微博上表现出不满。您怎么看待公共图书馆365天开放？

吴　晞：我不知道这位读者指的是哪件事，似乎深图从未因检修而关门，只是每逢周一例行闭馆。我很赞成复旦大学葛剑雄馆长的观点，不应强求图书馆365天开放，尤其是不必在法定节假日开门。

深图一直实行每周一例行闭馆的制度。很多时候有压力，来自领导，来自读者，也来自大力宣扬365天开放的某些图书馆。但每周有一天缓冲是十分必要的，馆员要轮休，设备要检修，就是组织全馆职工活动也要有个完整的时间。我们有200台自助图书馆全年24小时开放，同时我们协调全市各区图书馆，不要都是周一闭馆，时间错开，满足读者借阅需求应该不成问题。

节假日闭馆制度也是必要的，国外图书馆大多如此，但我们很难实行。这主要由于公共图书馆受文化局统辖，属于文化系统，而这个“文艺界”在节假日是最为忙碌的，主要演出和文艺活动都集中在此期间，各个文艺团体和机关领导干部在节假日加班是常态。他们不认为同在文化系统的图书馆有什么特殊的地方，公共图书馆理应为假日文化繁荣做出贡献。

顾晓光：现在深圳已经有200台自助图书馆，但对于这个设备的使用，您前面也提到在业内有不少争论，特别是在书社会（http://librarysalon.com）有个集中的讨论。

吴　晞：它在深圳的使用情况不错，市民欢迎，达到了我们的目的。我也理解很多不同的观点，包括认为这是逆图书馆发展潮流的做法。但是从我前面提到的自助图书馆利用数据看，民众对它的需求也是非常大的，这就是最好的理由。

顾晓光：还有一种说法是，自助图书馆只适合像深圳这样经济发展较好的城市，不具有普遍适用性。

吴　晞：我同意，不主张盲目地宣传，更不要盲目上马。现在这样的宣传不是我们的本意，经济不发达地区使用它，不是什么好事情。还有，很多来深圳考察的其他地方文化局领导、图书馆馆长都对它的原理、网络结构不清楚，更不知道用什么平台来支撑、如何将资源通用起来、物流怎么管理，只是觉得这是个好东西，就拍板购买。如果图书馆没有充分调研就投入使用，我就非常害怕，怕他们花了钱却使用不佳。

虽然我不赞成盲目地推广，但对于深圳来说，它确实是一个好东西。

顾晓光：自助借还机是中国首创的，主要的应用也在中国内地，包括台湾地区也有。最近我看到一个新闻很有意思，美国也开始使用这类设备，但与中国的情况相反，他们是没有钱盖实体新馆，用它来替代。

吴　晞：把自助图书馆说成是图书借还机是贬低它了，它是一个图书馆，通过它，读者可以预借、OPAC查询、办证等，图书馆的很多功能都可以实现。我们当时不知道费了多少苦心来设计。

顾晓光：21世纪以来，图书馆面临的机遇和挑战一直是业内的焦点话题。对于图书馆来讲，无论是"最好的时代"还是"最坏的时代"，"天下之公器"的地位受到了互联网资源的冲击，也受惠于互联网技术的发展。您如何看待Google（谷歌）和Amazon（亚马逊）这样的互联网"私器"在"开放、平等、免费"方面对于"公器"的挑战？

吴　晞："最好的时代，最坏的时代"，是大文豪狄更斯在《双城记》中的名言，是英国维多利亚时代社会急剧发展、各种矛盾突出爆发的写照。现在人们喜爱引用这番话，是因为我们今天的社会与之颇有几分相似。

我觉得，今天的社会阅读，尤其是图书馆阅读，也是"最好的时代，最坏的时代"，根源都在于以IT技术为代表的各种新技术的涌现并在阅读领域大量应用。其表现，一方面是新技术极大地扩大了阅读的领域，资源极大丰富，获取极为方便，检索、利用手段日新月异，给图书馆乃至整个社会带来深刻变化，这是我们的前辈图书馆人不曾遇上的大好形势和发展机遇。另一方面，也给予阅读相关的出版界、书店和图书馆等机构带来危机。你所说的Google和Amazon带来的风波只是一个方面，这种新技术的冲击是全面的、总体的、带有根本性质的。由于读者阅读习惯的改变，社会信息渠道日益多样化，读者对图书馆的依赖程度降低，甚至流失，使图书馆有了消亡的危机。近来业界出现过许多悲观的论点，甚至提出为图书馆做“尸检”（尸体解剖）。恰如“成也萧何，败也萧何”，新技术是一把最好的和最坏的双刃剑。

如果说“尸检”之类的说法还有些危言耸听，还不那么迫在眉睫的话，一些十分迫切的问题，如纸本资源收藏与否、传统文献与数字文献的关系、比例问题，就很现实地摆在图书馆面前，使我们不得不面对，不得不拿出解决的思路、方案。

在这个问题上，国内图书馆界有着截然不同的看法，并出现了一南一北两大大腕级的代表人物。一位是北京的国家科学图书馆张晓林馆长，他多年来大力倡导“电子文献先行”（e-first）、“网络先行”（i-first），有人说他恨不能将所有纸质文献请出图书馆。另一位是广东中山大学图书馆程焕文馆长，他的宗旨是“保留一切有价值的纸片”，恪守纸质文献的核心地位。

那么，这两位大腕儿，我们到底应该听谁的呢？我历来主张两点：一是思想要激进，认识要超前；二是行动要保守，尤其是涉及采取破坏现有资源和模式的措施，一定要缓行、慢行、三思而后行，或者说一慢二看三缓行。

我个人一直是图书馆现代化技术的鼓吹者，我所供职的深图也一直走在图书馆现代化技术的前列。但是遇到具体问题，就一定要采取慎重的态度。例如选择数字阅读还是纸本阅读，在个人来说是各有所好、见仁见智的事，但对图书馆就不一样了，因为涉及图书馆的馆藏模式和服务方针这样的根本大计，必须要有清醒认识和正确对策。因此，我们采取的对策是：图书馆数字化的发展方向是明确的，但目前图书馆的纸本文献仍然是不可缺少的。

这样讲主要是基于以下两个很现实的因素，或者说是非学理性因素：

1. 社会纸质文献资源极为丰富，还没有被数字文献完全取代。图书馆有“传承文明”的社会责任，要为后人留下完整、全面的文化遗产，因此不能舍弃纸本资源。

2. 读者对纸质文献的需求很大，尤其是公共图书馆，我们不能忽略普通读者，尤其是底层民众对传统文献的现实需求。

后者涉及图书馆的人文关怀，因此必须强调，不可漠视。

顾晓光：您曾经说过“让阅读回归图书馆学的主流领域，让图书馆学重新审视阅读在学科中的重要位置，是一代学人的责任，更是图书馆工作的迫切需要”，图书馆在阅读推广实践上有没有误区或者偏差？需不需要图书馆去进行阅读推广启蒙？

吴　晞：在2009年中图学会换届大会上，我被推选为阅读推广委员会主任。我出任这个职位，纯属“赶鸭子上架”。前届主任是北大王余光教授，他是多年从事经典文献和经典阅读研究的专家，也是这个委员会的创办人。当时我是副主任，又和余光教授是老朋友、师兄弟，给他唱唱配角，敲敲边鼓，倒是蛮合适的。

换届时，规定各位副理事长都不再担任各专业委员会主任，余光教授自然也不例外，于是我这个对此本无研究造诣的副主任就被“扶止”了。

改唱主角后，工作十分忙碌辛劳，要跑到全国各地参加会议，组织活动，但也确有收获，确有所悟。所悟者，主要有两点：一是阅读推广应是图书馆学和图书馆工作的主流领域之一，多年来受到不应有的忽略，这就如同我初到公共图书馆界的感受一样；二是全社会和广大读者确实需要图书馆阅读推广，其重要性和社会效益不可小视。

先说图书馆学和图书馆工作。图书馆界的权威文件，如《公共图书馆宣言》《中国图书馆服务宣言》，IFLA的相关宣言、决议、文件等，都把推进社会阅读、建立学习型社会作为宗旨、圭臬。这种精神是一以贯之的，涉及图书馆的核心价值和核心理念。这样重要的领域，我们的学科研究怎能是空白？

再从图书馆工作的角度看。有专家指出，“融合趋势”或是“综合发展趋势”(Development of Metropolitan Libraries)是今后图书馆发展的主流。这点现在已经是共识，而且已经被实践所验证。什么是“融合趋势”或“综合发展趋势”？通俗解释，就是今后的图书馆不可能再按照老模式运作，满足于每日借借还还、看摊守点，必须全方位、多方面地开展工作，必须要做那些不是传统图书馆工作的事情，做那些似乎是其他部门做的事情。我们既是图书馆，又是信息资源集散地(ICP)，还是学校、展览馆、博物馆、音乐厅、文化讲坛、影视观摩厅、新书推介中心、学术交流场所、新技术体验中心，等等。只有这样，才能丰富和拓展图书馆的服务内容，提升和强化图书馆的服务品质，增强和扩大图书馆的服务影响。这种“融合趋势”或是“综合发展趋势”，主要就是通过阅读推广工作来实现的。

应该说，通过我们的不懈努力，现在形势有了很大的好转，不仅全国各地以图书馆为主体的社会阅读活动轰轰烈烈开展起来了，理论研究也跟了上来，而且发展态势也不错。我领衔申报的有关公共图书馆阅读推广的国家社科基金课题，已经获批。今年（2013年度）国家社科基金资助立项的课题中，阅读推广的课题破天荒地占到9个之多，而在2011年只有1个，2012年只有3个。成绩很是喜人，前景十分看好。

另一方面，我们的社会和广大读者也需要和欢迎图书馆的阅读推广。

全民阅读活动并不是图书馆一家的事情，但是我们还是要强调，图书馆是社会阅读的主体，要承担起独有的社会责任，完成他人不可替代的历史使命。为什么要这样讲？阅读虽然多种多样，但是我们还是要提倡深入的、学习型的阅读，通过阅读，全面、系统地掌握知识，而知识就是力量，穷则丰富人生，达则改造社会。即使是大众型、消遣性阅读，也要提倡多读书、会读书、读好书，通过有计划、有系统地读书，建设健康有益的文化生活。要进行深入系统地阅读，完整、全面地掌握知识，图书馆是最好的场所，甚至是唯一的场所。只有图书馆，才具有完备的文献资源保障体系，才能为读书人提供全面系统的文献服务；也只有在图书馆，才能领略完整的科学知识体系和全部的人类文化遗产，从而站在巨人的肩膀上来看这个世界。进入网络数字时代就更是如此，图书馆收藏的数据库集合成为不可或缺的社会主要资源。

当前理论界有人反对“深阅读”和“浅阅读”，或“读好书”的说法，认为图书馆工作者应该保持中立的立场，不干涉读者的阅读自由。此说当然有道理，读书没有高下之分，图书馆不应该排斥消遣性阅读，或是所谓的浅阅读，要提倡开卷有益，保障大众的阅读权利。但是我们必须清楚，在大众性阅读当中，图书馆同样也是最好的场所。这点和精英阅读、学习型阅读没有什么大的不同。即使是阅读《西游记》，也要读完全本，不能只看电视剧或《大话西游》；即使是读武侠小说，也要按照“飞雪连天射白鹿，笑书神侠倚碧鸳”的目录通读一遍，才算得上是初级的“金庸迷”“武侠迷”。社会阅读中的诸多不良现象，我们也不能坐视其蔓延，如娱乐至死，不娱乐毋宁死，为应试教育读书，不唯功利不读书，等等。目前还没有任何社会机构在阅读这一功能上可以取代图书馆。

具体说来，我们的图书馆阅读推广工作要引导那些缺乏阅读意愿的人，感受阅读的魅力，享受阅读的乐趣；训练那些不善于阅读的人，包括少年儿童，使他们学会阅读；帮助那些阅读困难人群，包括残障人士，提供相关的帮助；更重要的是服务，要对所有的读者、所有的市民，包括高层次专业人士，提供阅读的便利。这样的阅读推广活动，自然会受到社会各阶层人士的欢迎。

顾晓光：如您之前所说，图书馆有教育的职能。

吴　晞：我们的委员会，以前叫“科普与阅读指导委员会”，现在改为阅读推广委员会，这个更名是对的，但不能推卸指导阅读的责任。毕竟我们比一般民众多接触了一些书，多掌握了一些文献专业的知识，我们有责任将我们的所知所想和经验告诉他们。最近有“书是否有好坏”的争论，毕竟书还是有值得推荐和不值得推荐之分的，经过专家遴选推荐给大家一些好书，至于他读什么是他的选择。人的一生中能读的书有限，应该读些好书。就像吃饭一样，我们一生中吃饭的次数是可以计算出来的，如果再多吃些垃圾食品，就不好了。营养学家总要告诉大家什么是垃圾食品，什么是健康食品吧。

顾晓光：您参与创立的“公共图书馆研究院”已经成立近4年了，成立研究院的初衷是什么？这几年来的发展达到您的预期了吗？

吴　晞：我多年来信奉和恪守“研究先行”的宗旨，凡大事、大决策均要有研究做基础。但在公共图书馆界，“研究”恰恰是其短板，经常遇事拍脑袋、跟风，或是领导说什么就是什么。仅仅看图书馆自动化、数字化之事，就走了多少弯路，花费了多少冤枉钱，皆因缺少基本的研究。

当初创办“公共图书馆研究院”的起因就是想在公共图书馆界提倡研究之风，也向全社会宣传推介公共图书馆。研究院成立后，得到许多前辈长者和业界精英的大力支持。第二年我们起草了《中国公共图书馆发展蓝皮书（2010）》，可以说是该年度关于公共图书馆研究的集大成者。

我曾经设想为“公共图书馆研究院”这样独立于政府的半民间研究机构找一条长久发展的路子，但由于生病和卸任，原有的许多设想没有办法完成。现在有关的研究工作主要由我担任主编的《公共图书馆》杂志承担。

顾晓光：您在20世纪90年代曾任《大学图书馆学报》的副主编，现在也担任《公共图书馆》的主编和《中国图书馆学报》的副主编，也担任多家刊物的编委。本专业的学术期刊对学术环境的影响达到您的预期吗？

吴　晞：我在20世纪90年代初期担任《大学图书馆学报》副主编，实际负责刊物的编务，同时还兼任《北京高校图书馆学刊》副主编。到深圳后，深图创办了《公共图书馆》杂志，我任主编，还兼任《中国图书馆学报》副主编和一些专业刊物的编委，不大管具体编务，但都会热心参与，各刊物开编委会我都会尽量参加。

对于专业研究，广而言之对于一切读写工作，我有发自内心的喜爱，乃至偏执。我在2010年出版的论著集《天下之公器》一书的序言里说：“我一直自认为是具备一些学者素质的。当然这不是指学问、才华、禀赋等，而是说我一直热衷于读和写，且不以为苦，乐此不疲。然而命运的安排却没有如我所愿，乃至一直没有做成专业的学者，至今还是‘玩票’的，只能‘虽不能至，然心向往之’，并假想此生如能专门以研究写作为业会有多么大的成就。”现在我依然持这种想法。

我给自己定下“功课”，有几种专业刊物是每期都要看看的，好的刊物是可以看出编者的激情和眼光的。但是现在很多专业刊物令人失望，有的已经从我的“功课”中抹去了。最令人反感的是收取版面费发表论文，这不仅是“曲学阿世”，简直就是出卖学术良心，兜售学术垃圾。我任主编的《公共图书馆》就明确宣布，永远不收取版面费，发表的文章全部都支付稿酬。

顾晓光：您在自我简介中说“欲为葛天氏之民，安可得欤”，这句话挺吸引我。我能感受到您有“人在江湖，身不由己”的无奈，更有对于自由、恬淡生活的向往。从内心来讲，对于这种理想生活，您更倾向于“出世”还是“入世”？

吴　晞：若不是你这样问，我还确实没有认真思考过这个出世入世的问题。现在仔细想一想，真正让我奉为圭臬的还是“天行健，君子以自强不息”的奋斗哲学。

自小受家庭传统教育影响，相信“天将降大任于斯人也”。后来逐渐明白，自己不是什么“天命在身”的人物，也不曾遇有什么“大任”，不过是平凡的图书馆员，但也应兢兢业业，恪尽职守，有一分热发一分光，倘有机会还要多发些光。我年轻时，有个口号是“革命加拼命，拼命干革命”，现在不提了，但我一直是以拼命的精神工作和治学的。当然也为此付出了代价，近年来做了两次心脏手术，想拼命也不行了。从2010年做了第二次手术后就不再主持深图的工作，2012年正式卸任馆长一职，现在只担任深圳市图书情报学会理事长的虚职。

我也曾想过，如果当年老老实实留在北大做馆员加学者，或者在文化部做官员，是否会更好些，至少身体不会糟糕到如此地步。结论是不后悔，因为我是按照自己的人生哲学生活的，本应如此。

现在社会上盛行避世、养生的哲学，常常见到这样的文章流传，引经据典，振振有词，却很难打动我。现在身体差了，不注意养生也不行，但不想以保养身体为唯一宗旨来打发今后的日子。看淡名利固然不错，但不等同于混日子，或以些许可怜的小事自娱自欺。如今光热已经所剩不多，就更要让生命燃烧好，活得有意义。退出行政职务，无官一身轻，却也一直没有闲着，除了按计划撰文著书，还要履行阅读推广委员会主任职务外，今年还领下一个国家社科基金课题，又够我忙一阵。

古人讲“三立”，立德、立功、立言。审视自己，大概是更适合“立言”的，而且今后也只有“立言”一途，能否有成不可知，至少还有这样的追求。

顾晓光：谢谢您接受我的访谈。

图书文化

《全民阅读推广手册》徐雁 / 主编

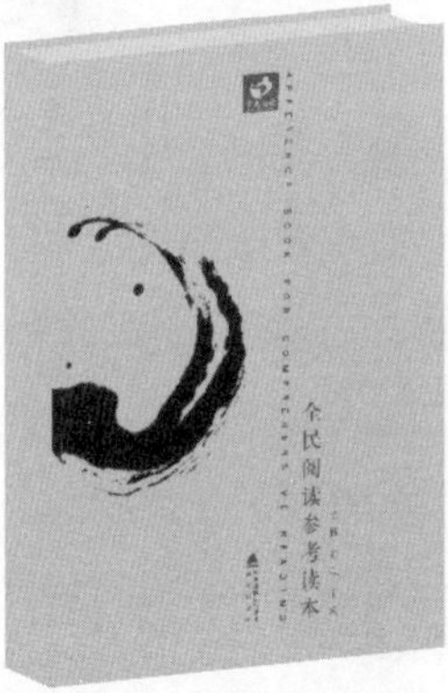

《全民阅读参考读本》徐雁　陈亮 / 主著

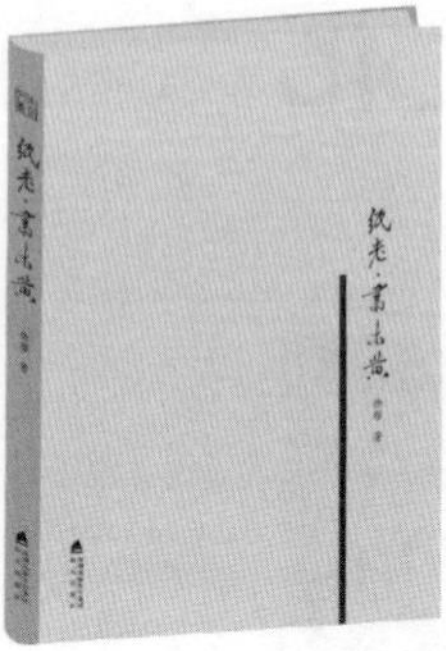

《纸老，书未黄》徐雁 / 著

《近楼，书更香》彭国梁 / 著

《阅读，与经典同行》王余光 / 著

《书香，也醉人》朱永新 / 著

《书香，少年时》孙卫卫 / 著

《域外，好书谭》郭英剑 / 著

《谈笑有鸿儒》刘申宁 / 著

《斯文在兹》吴晞 / 著

本色文丛

本色文丛是我社策划的系列图书，持续组稿编辑出版。丛书力图给喜欢品味散文随笔、全民阅读与图书文化、名人日记与学术札记、海外文化的人士，提供良书与逸品。

本色文丛·图书文化

《书香，也醉人》	朱永新著	29.00元
《纸老，书未黄》	徐　雁著	29.00元
《近楼，书更香》	彭国梁著	29.00元
《书香，少年时》	孙卫卫著	29.00元
《阅读，与经典同行》	王余光著	29.00元
《域外，好书谭》	郭英剑著	29.00元
《谈笑有鸿儒》	刘申宁著	29.00元
《斯文在兹》	吴　晞著	32.00元

《淘书·品书》	侯　军著	32.00元
《西风·瘦马》	沈东子著	32.00元
《书人·书事》	姚峥华著	28.00元
《闲人，书生活》	胡野秋著	即将出版
《文学赏心录》	杨　义著	即将出版
《文学哲思录》	杨　义著	即将出版

本色文丛·散文随笔（柳鸣九主编）

《往事新编》	许渊冲著	29.00元
《信步闲庭》	叶廷芳著	29.00元
《岁月几缕丝》	刘再复著	29.00元
《子在川上》	柳鸣九著	29.00元
《榆斋弦音》	张　玲著	29.00元
《飞光暗度》	高　莽著	29.00元
《奇异的音乐》	屠　岸著	29.00元
《长河流月去无声》	蓝英年著	29.00元
《青灯有味忆儿时》	王春瑜著	28.00元

《神圣的沉静》	刘心武著	30.00元
《纸上风雅》	李国文著	30.00元
《母亲的针线活》	何西来著	28.00元
《坐看云起时》	邵燕祥著	28.00元
《花之语》	肖复兴著	30.00元
《花朝月夕》	谢　冕著	28.00元
《无用是本心》	潘向黎著	28.00元

本色文丛·日记（于晓明主编）

《读博日记》	张洪兴著	31.00元
《问学日记》	王先霈著	26.00元
《文坛风云录》	胡世宗著	29.00元
《原本是书生》	于晓明著	32.00元
《紫骝斋日记》	马　斯著	31.00元
《梦里潮音》	鲁枢元著	31.00元
《行旅纪闻》	凌鼎年著	即将出版
《微阅读》	朱晓剑著	即将出版

《从神州到世界》	张　炯著	即将出版
《丹青寄语》	崔自默著	即将出版
《文坛边上》	吴昕孺著	即将出版
《书事快心录》	自　牧著	即将出版

本色文丛·海外文化

《半岛之半：居韩一年散记》	许　结著	30.00元
《西行漫笔：一个远足者的异国寻觅》	王兰仲著	29.00元
《哈佛周记》（暂名）	郭英剑著	即将出版